现代学徒制：
理论与实证

杨小燕 著

西南交通大学出版社
·成　都·

图书在版编目（ＣＩＰ）数据

现代学徒制：理论与实证 / 杨小燕著. —成都：
西南交通大学出版社，2019.4
ISBN 978-7-5643-6811-1

Ⅰ.①现… Ⅱ.①杨… Ⅲ.①学徒－研究 Ⅳ.
①F241.32

中国版本图书馆 CIP 数据核字（2019）第 060281 号

现代学徒制：理论与实证

杨小燕　　著

责 任 编 辑	张宝华
助 理 编 辑	何宝华
封 面 设 计	严春艳
	西南交通大学出版社
出 版 发 行	（四川省成都市金牛区二环路北一段 111 号
	西南交通大学创新大厦 21 楼）
发 行 部 电 话	028-87600564　　028-87600533
邮 政 编 码	610031
网　　　址	http://www.xnjdcbs.com
印　　　刷	四川煤田地质制图印刷厂
成 品 尺 寸	170 mm × 230 mm
印　　　张	12
字　　　数	185 千
版　　　次	2019 年 4 月第 1 版
印　　　次	2019 年 4 月第 1 次
书　　　号	ISBN 978-7-5643-6811-1
定　　　价	78.00 元

序
SEQUENCE

学徒制不仅是一种技术的传承方式，而且具有不小的教育意义。现代学徒制是传统学徒制度与学校教育制度的结合体，它吸收了传统学徒制度"边看、边干、边学"的现场学习优势和学校教育制度"系统、高效"的人才培养优势，有效解决理论与实践分离、学习与就业脱节的问题，其最大好处在于节约了教育培训成本，提升了劳动力技能素质。实践现代学徒制的核心在于如何实现企业和学校的深度融合，实践现代学徒制的关键在于有效地整合学校教育和工作现场教育，通过"双主体"育人，实现人才培养质量的提升。

2014年，教育部颁布了《关于开展现代学徒制试点工作的意见》（教职成〔2014〕9号）。2015年起，教育部分三批开展现代学徒制试点项目，以职业院校、行业协会、地方政府等为主体蓬勃开展起来，现代学徒制成为职业教育界关注的焦点。值此之际，《现代学徒制：理论与实证》的出版可谓应运而生。该书将理论研究与实践研究相结合，质性研究与量化研究相结合，深入研究现代学徒制历史渊源与发展逻辑，生动展现现代学徒制的鲜活案例，客观反映现代学徒制的实践状况，逻辑严谨、方法科学、内容翔实，为提升职业教育人才培养质量提供理论支撑与实践范例。

现代学徒制不仅仅是一个单一的教育问题，更是具有较强社会价值的现实问题。现代学徒制的深入推广可以进一步推动职业教育的发展，加强技术技能型人才的培养，推进劳动力结构的优化，为我国经济社会发展奠定坚实的基础。

希望《现代学徒制：理论与实证》的出版发行能充分发挥其效用，特陈数语，权且为序。

前言
PREFACE

现代学徒制是对传统学徒制的扬弃，是传统学徒制"质量"优势与学校教育制度"效率"优势的整合。国内外现代学徒制的共同特质在于学校与企业全面实现"双主体"育人，因而现代学徒制的核心落脚于校企深度合作。教育部《关于开展现代学徒制试点工作的意见》（教职成〔2014〕9号）正式拉开了全面试点现代学徒制的序幕，各地纷纷以国际项目为依托、以校企合作为切入、以院校改革为主导等为试点方向开展现代学徒制探索。笔者于2012年涉足现代学徒制研究，深感现代学徒制对于职业教育改革与发展、人才培养质量提升的重要意义。基于此，在笔者多年的理论研究与实证研究的基础上，完成了本书的撰写。

《现代学徒制：理论与实证》紧扣当前现代学徒制理论研究与实践操作的实际需求，采用定性与定量相结合的研究方法，从四个部分系统研究了现代学徒制的几个关键问题。第一部分，从理论的角度分析了现代学徒制的基本概念，厘清了现代学徒制的历史渊源与发展逻辑；第二部分，从个案的视角展示了现代学徒制的典型案例，讲述了现代学徒制实践中的鲜活故事；第三部分，以定量的方法开展了现代学徒制的实证研究，以大量的一手调查数据为支撑，客观反映了当前现代学徒制实践的现状；第四部分，从成效、反思与憧憬三个方面，提出现代学徒制改进与提升的策略。

本书的特色有三：其一，立体的研究视角。本书从理论层面与实践层面构建了现代学徒制的研究框架。分别从理论-实践的视角、区域-专业-学生的视角深度审视当前现代学徒制理论与实践的现状与问题。其二，丰满的实证研究。本书通过对区域层面现代学徒制试点单位的广泛调查、对现代学徒制试点专业的定向调查、访谈和质性研究，获取大量的一手数据资料，客观反映现代学徒制的实践状况；同时通过数据的比较分析，客观评判现代学徒制试点的初步成效与存在问题。其三，典型的个案研究。本书以现代学徒制试点项目的典型案例，全面展示现代学徒制实践过程中的成功做法，以期为我国现代学徒制改革与发展提供经验及借鉴。

由于水平有限，特别是写作的角度重在探索，所以错误与不足之处肯定不少，企盼读者不吝赐教。

作　者
2018 年 11 月

目录
CONTENTS

第一部分
揭开现代学徒制的神秘面纱

第一章　现代学徒制的历史溯源

　　现代学徒制与"学徒"的概念紧密相连。"学徒"是指"以学习某一特定技能与工作为目的的、在某一固定的时期内为雇主工作的人。"①学徒一方面是指受契约或法律合约限制，为某人服务一定时间，同时在师傅的管理下按当时或以前的教学方式学习某项技艺或行业的人；另一方面是指"在高技能员工的指导下，通过实际经验，学习某个行业、技艺或职业的人，通常有预定的时间周期，并获得预定的工资。"②"学徒"通常有狭义与广义之分，狭义的"学徒"必须有正式的契约关系，而广义的"学徒"重视学习发生的事实，无论是否签订了正式契约或口头协议。学徒制则是指"学习一项技艺或行业的制度，学员被约定、并为其学习付出一定年限的劳动。"③瑞士苏黎世大学 Philipp Gonon 认为："学徒制是一种以教育年轻人使其获得工作与社会生活必备的资格为目的的，聚焦于某一特定的学习场所以及一种合法性的组织背景形式的学习模式。"④本研究采用狭义的学徒定义，以探索在学校教育制度下，如何有效地实现学校教育与工作现场教育的有机整合。

　　人类社会的劳动世界，起源于手工劳动，而手工劳动所需技能的最大特征在于与直接生产劳动紧密联系，脱离直接的劳动过程则难以掌握。基于此，人们获得劳动技能的方式以"做中学"为主。这可以说是学徒

---

① 英国培生教育出版有限公司编：《朗文当代英语辞典》. 北京：外语与教育研究出版社，2004.

②《韦氏第三版新国际英语词典》（1976 年）

③ Harris, William H . &Judith S. Levey. *The New Columbia Encyclopedia* [M]. New York and London: Columbia University Press. 1975: 128 .

④ Philipp Gonon. *Apprenticeship as a model for the international architecture of TVET*. // 赵志群，Felix Rauner 主编 . Assuring the Acquisition of Expertise: Apprenticeship in the Modern Economy . 北京：外语教学与研究出版社，2011，P33 .

制产生的逻辑起点。在人类社会生产劳动的不同发展阶段，学徒制有着不同的表现形式，主要分为传统学徒制和现代学徒制。

一、传统学徒制

传统学徒制（traditional apprenticeship）有时也称"学徒制"，或"手工学徒制"，指的是在近代学校教育出现之前，手工作坊或店铺中师徒共同劳动，徒弟在师傅指导下习得知识或技能的传艺活动，这种活动是一种高度情境性的学习方式，学徒在真实的工作场所中观察师傅的实作，感知和捕捉师傅的知识和技艺，然后在师傅的指导下进行实作，逐渐学会师傅的技能。

（一）国外的传统学徒制

传统学徒制主要分为古代学徒制和中世纪学徒制两个时期。

1. 古代学徒制

在人类社会的早期，"做中学"这种学习形式就已经存在于生产和生活中，为了生存，长辈需要以口耳相传的方式，将积累的生产生活经验向后代传授；而晚辈则通过模仿、参与等边做边学的方式，获得这些生活技能，这是学徒制的早期雏形。随着生产力的发展，手工业的分工逐渐增加、精细，一方面为了让后代有一技之长，另一方面为了保存技艺，由父辈向后代传授手工技艺的方式就自然形成了。此时，学徒制仅限于父辈将技艺传授给自己的亲生儿子。随着生产规模扩大，业主逐步向外招收除儿子以外的学徒以解决劳动力不足的问题，于是以父子关系为基础的学徒制开始转向以契约形式为基础的师徒分工合作的生产模式。随着行会的出现，原来的学徒制职业教育不再是分散无组织的，在13世纪中期到15世纪中期，学徒制逐渐从私人性质的制度过渡到公共性质的制度。①

2. 中世纪学徒制

英国大百科全书指出："学徒制起源于中世纪，它是手工业行会组织

---

① 芮小兰. 传统学徒制与现代学徒制的比较研究[J]. 消费导刊，2008（2）.

的一个重要组成部分。"中世纪学徒制的产生的兴盛，与行会的产生与发展密切相关，在 14、15 世纪达到全盛时期。

研究中世纪学徒制，不得不谈到行会，行会的发展对学徒制的产生有着重要的影响。行会是为了保护本行业利益而互相帮助、限制内外竞争、规定业务范围、保证经营稳定、解决业主困难而成立的一种组织。欧洲中世纪从公元 9 世纪起，由于商业与手工业的发展，在古代村落公社衰落的同时，在自由城市与海滨等地，逐渐产生了一种新的联合组织——行会。其名称有"兄弟会""友谊会""协会""联盟"等。它在 11 世纪后发达起来，12 世纪波及整个欧洲大陆，席卷了城市与乡镇。不仅商人、船员、工匠、画家、教师、演员、猎人、农人，而且僧人、乞丐、刽子手等，都成立了行会。商人行会始于 9 世纪，12 世纪与 13 世纪势力很大。手工业者起初也加入商人行会。后来，随着手工业行会力量的不断增强，商人行会开始衰退。16 世纪中叶，因商品经济进一步发展，手工工场出现，行会逐渐瓦解。行会的劳动组织由学徒、工匠和师傅三种不同身份的人组成。学徒在固定师傅的指导下，经过一定时间的学习，可晋升为工匠。在学习期间，学徒可以参加师傅的生产经营活动，并获得一定数量的工资。当然，行会在这个过程中起到了积极的作用，例如，从师徒合同到学徒期限、学徒合同、劳动时间等一系列问题都是由行会决定的，行会工作人员也定期对学徒培训情况进行监督。行会有以下特点：

一是垄断性。如城市商人行会，虽然最初每个市民都可参加，但后来却逐渐成为由少数寡头所把持的团体。商人行会规定，不参加此组织的人不得营业。参加者必须按指定的时间、地点和商定的价格进行交易，违反者要受到惩罚。手工业行会则对行会会员的生产条件、营业条件、招收学徒的数目、劳动时间、产品的规格、数量、价格及使用的工具等，都进行了严格的规定，商品销售与原料采购亦统一办理。

二是职业性与技术。如商人行会、海员行会、手工业者行会、猎人行会、农人行会、画家行会、教师行会等，都是个人按其职业以誓约而联合组成的。当然，这种区分也不是绝对的。

三是阶级性或等级性。如自由人行会、乞丐行会、农奴行会，前者是剥削者的行会，后两者是被剥削者的行会。而手工业者中的工匠师傅协会、工匠协会、学徒协会，起初只是因年龄与技术的不同而成立的。后来则具有财富与权力的差别，分属于三个不同的等级。

四是地区性。如意大利的画家在帕多瓦、巴撒诺、特罗维索和韦罗纳等城市均组织了各自独立和彼此友好的行会。每个城市的画家分属自己的行会，各有其独特的风格与个性。

五是时间性。有长期的，也有临时的，后者如为了打猎、捕鱼、到远地航海贸易等暂时的、特殊的目的而组织，当这一目的达到后，行会便解散了。

上述五者不是互相孤立的，而是彼此交叉的，如临时组织的捕鱼行会，又具职业性、技术性。

同时，行会作为一个相对独立的社会单位，它制定了自己的规章制度，其中相当一部分是行会道德准则。主要有：一是保证产品质量，反对弄虚作假，这是行会的道德义务、社会责任和职业荣誉所在。二是会友间平等、民主，以"兄弟姐妹相称"。三是互助友爱，"相待如手足"。四是彼此谅解，抛弃旧怨。会友间虽免不了会发生争吵，但这种争吵不得演化为仇恨，要"忘掉可能产生的仇恨，并且以面包和盐发誓，决不以错误的精神看待这种仇恨。"①即使有成员确实在言语或行动上侵害了别人，受害者本人和他的亲友也都不得进行报复。五是诚实守信。六是敬业乐业，保守技术秘密。以上这些道德准则，体现了行会宝贵的职业精神，它使行会成员既重视集体经验，继承前辈的技术传统，又发挥个人的积极性，进行自由、自主的创造。行会的这些特征和道德准则，深刻地影响着学徒制的发展倾向。

18 世纪末、19 世纪初，随着行会的衰落和产业革命带来的生产力的提高，传统学徒制不再适应新的生产方式的需求，因而走向了崩溃。而低成本、高效率的职业学校形式，逐渐取代了传统学徒制，在日后的两个世纪中，占据着主导地位。

（二）中国的传统学徒制

在中国，学徒制也是历史悠久，它兴起于奴隶社会，发展完善于封建社会隋唐时期。隋唐官营手工业作坊的发展，促进了学徒制的完善，从中央政府到地方政府机构中都设有的官营手工业作坊均采用学徒制的

---

① 费查．法兰克福档案（第 2 卷）：245．

教育形式。诸子百家中的墨翟、木工的鼻祖鲁班和传授纺织技艺的黄道婆都是很有名的师傅。

中华人民共和国成立以来，生产现场的学徒制是培训新技工的主要方式，也是新技术工人的主要来源。至 1959 年，我国新技术工人有 90% 以上是通过这种方式培养出来的。①据冶金、铁道、交通、建工、水电、煤炭、石油、化工、地质、纺织、轻工等 12 个主要产业部门和劳动部门的统计，自 1949 年至 1959 年年底，通过企业学徒培训和技工学校培训两种方式，已经培养出的和正在培养的技术工人有 844 万。②学徒制是当时主要的技工人才培养方式。

学徒制的兴盛主要基于当时的计划经济体制，计划经济体制最大的特征是流动性不强，在绝大多数情况下，一个员工进入某个企业意味着终身是该企业的员工，人的发展与企业的发展紧密联系在一起。同时，由企事业单位自行组织职工技能鉴定，这意味着每个企业有着异于其他企业的技能鉴定方式，而这种鉴定方式与企业的人才培养制度（学徒制）、用人制度、工资制度紧密挂钩，就企业之间而言，各个企业对各自的技能鉴定方式互不承认，这进一步加强了社会的计划性与固化，而正是整个社会的固化与计划性，导致了学徒制是广大民众获得社会身份、谋求一份稳定工作与进入某一职业领域的主要途径与手段。

后来，随着经济体制的改革，我国向市场经济体制转型，这意味着社会的流动越来越频繁，企业之间人才培养（学徒制）与鉴定互不承认的局面必须打破。1993 年 7 月，原劳动部颁布了《职业技能鉴定规定》，提出要建立和完善一个政府指导下的职业技能鉴定社会化管理体系；1994 年 3 月，原劳动部和人事部联合颁布了《职业资格证书规定》，进一步促进了工人考核工作向国家职业资格制度转轨；1995 年 6 月，原劳动部还颁发了《从事技术工种劳动者就业上岗前必须培训的规定》，确定了首批"先培训、后上岗"的 50 个工种，为逐步实现持证上岗和就业准入制度奠定了基础。③

---

① 袁耀华. 新技工培训事业光辉的十年[J]. 中国劳动，1959（19）：23.
② 袁耀华. 新技工培训事业光辉的十年[J]. 中国劳动，1959（19）：22.
③ 劳动和社会保障部培训就业司，劳动和社会保障部职业技能鉴定中心组织编写. 国家职业技能鉴定教程[M]. 北京：北京广播学院出版社，2003．8：15.

社会经济体制的变革以及社会化职业资格证书制度的建立，改变了以往以企业为主体、以学徒制方式培养学员并进行技能鉴定的运作的基础，在此过程中，与学徒有关的政策文本逐渐淡出人们的视野，而职业院校也逐渐从附属的产业部门与企业独立出来，成为替代企业的技能型人才培养的主要途径。1995 年劳动部《关于技工学校、职业（技术）学校和就业训练中心毕（结）业生实行职业技能鉴定的通知》规定：技工学校、职业（技术）学校、就业训练中心和其他职业培训实体毕（结）业生（以下简称毕业生），凡属技术工种的，按本要求实行职业技能考核鉴定和国家职业资格证书制度。这在某种程度上承认了学生可以不经过真实生产环境的学习就获得职业资格证书，强化了学校在技能型人才培养中的主体作用，降低了原本企业以技能鉴定为人才考评方式所应发挥的人才培养的作用、积极性与社会责任感。

目前，中国职业教育以企业为主体，以学徒制为主要培养方式的传统逐渐丧失，而改由学校承担起了职业教育的主要责任与义务。但事实上，学校与企业是两种完全不同的主体，在其运行机制与所追求的目标上迥然不同，这种不同也就造成了企业与学校完全不同的人才培养方式，最终表现在人才培养的质量上，从而造成了目前一种不正常的现象：拿了职业资格等级证书的学校毕业生在企业不会干活。这也就引成了很多企业对学校学历与职业资格等级证书含金量的质疑。其实，这体现出的是单纯的职业学校教育固有的弊病。

二、现代学徒制

从国际职业教育发展的趋势与背景而言，20 世纪 80 年代末开始，西方各国纷纷掀起了现代学徒制的改革浪潮，如法国、丹麦、希腊、卢森堡、葡萄牙、爱尔兰、荷兰、西班牙等国纷纷在 20 世纪 80 年代末 90 年代初对学徒制重新立法，英国在 1993 年推出了现代学徒制项目，澳大利亚 1996 年推出了新学徒制项目等。[①]德国"双元制"在职教领域内的异

---

① 关晶．西方学徒制研究——兼论对我国职业教育的借鉴[D]．上海：
华东师范大学，2010．3．

军突起，使我国职业教育界看到了学校与企业合作是职业教育人才培养的一条重要规律。学校与企业是德国职业教育的两大主体，两者紧密合作是它的一大主要特征。德国的"双元制"从历史发展的角度而言，是德国"学徒制"在现代的发展，是现代形式的学徒制，在很长的一段时间内，企业培训与学校教育两大元素，都是彼此独立发展的两个系统，各自遵循不同的轨迹，直到 20 世纪，这两部分才以新的"学徒制"方式整合并被有意识地加以结构化，从而形成了一个有机整体——"双元制"。我国职业教育在发展历程中，面临着"剃头挑子一头热"的窘境，企业不愿意与学校合作。基于国外学徒制实施的现状与发展历程，以及在中国曾经兴盛且现在仍然存在的"师傅带徒弟现象"角度考虑，似乎我们职业教育校企合作还有另外一条道路。

（一）现代学徒制的内涵

人类社会的劳动起源于手工劳动，手工劳动所需技能的最大特征在于与直接的生产劳动紧密联系，脱离直接的劳动过程则难以掌握。基于此，获得劳动技能的主要方式为"做中学"。这可以说是学徒制产生的逻辑起点。

1. 现代学徒制的历史：从传统学徒制到现代学徒制

从现代学徒制的发展历程来看，现代学徒制是对传统学徒制的否定之否定，期间学校教育制度（特别是班级授课制）的建立与发展为学徒制的涅槃奠定了基础。现代学徒制在主体关系、教学规模、教学组织、教师队伍、教学方法以及教学评价等维度表现对传统学徒制和学校教育制度的扬弃。

（1）主体关系的维度：师徒关系—师生关系—新型关系。

传统学徒制中的教学主体关系表现为师徒关系，这种关系保留了父子般的亲密感情，即所谓"一日为师，终身为父""师傅是徒弟的衣食父母"。学校教育制度中的教学主体关系表现为师生关系，即教师和学生在教育教学过程中为实现教育目标，通过教与学的直接交流活动而形成的相互关系。现代学徒制中的教学主体关系既不是单一的师生关系，也不是完全的师徒关系，而是将两者有机结合的新型关系，这种新型关系继承了传统学徒制的师徒情，又避免单一师傅实施教育所带来的局限性。

（2）教学规模的维度：小型规模—大型规模—中型规模。

传统学徒制和学校教育制度的优势和弊端主要体现在由教学规模的不同而产生的不同的教学效果上。

传统学徒制的教学规模属于"小型规模"，即一个师傅带 1~2 个徒弟，师徒之间有充分的和深度的交流和互动，但人才培养效率低，难以适应工业化大生产背景下对大量技术技能型人才的需求。相对而言，学校教育制度的优势在于能在短期内完成大量的人才培养任务，适应工业化大生产的需求；然而其弊端也颇为显著，即一方面庞大的学生规模导致难以实现因材施教；另一方面导致教学资源的严重不足，难以保证现场教学的机会。现代学徒制基于职业技术教育的特性，充分利用学校与企业的资源，采取校企双方合作的方式，突破教育主体的单一性，用学校与企业双主体育人的模式，整合双方教育资源，缩小班级规模，使师徒关系建立在 10~20 人的中型规模上，既满足了经济社会发展对人才数量的需求，又确保了人才培养的质量。

（3）教师队伍的维度：师傅个体—教师分散—教学团队。

对于教育的主体之一——教师而言，在传统学徒制中，似乎不存在"队伍"这一说。因为在传统学徒制模式下，师傅通常是个体，就算是行会等对于师傅而言，也都是松散型的，统一行业间的师傅之间有交流，但是在教学方面（带徒弟）通常是相对独立的。在学校教育制度下，同一专业的学生有一个相对庞大和固定的教师队伍对学生进行全方位的教育。但是，教师之间因课程内容的相对独立，他们在教学中也相对独立。现代学徒制模式下的教师，不是完全的一对一，也不是整体的多对多，而通常是由一个相对固定和稳定的教学团队来负责相对固定的一个项目班级，师徒（师生）之间充分接触与了解，教学团队成员之间分工明确，协调合作，有助于生生关系、师生关系以及师师关系的培养，有助于充分发挥情感（心理因素）在技能培养过程中的积极作用。

（4）教学方法的维度：从实践到理论—从理论到实践—理实一体、做学合一。

在传统的学徒制中，师傅对学徒的教学具有充分的"个体化"特性，即每个师傅有自己独有的一套教学方法，几乎不受外界干扰和限制，很容易做到因材施教。同时，师傅通常也没有受过专业的教育理论学习，教学方法通常就是从自身的技艺操作入手，学徒通常没有经过系统的理论学习，就直接开始接触师傅交给的操作性任务，因此，传统学徒制的教学方法可以大致总结为从实践到理论的方法。学校教育制度兴起后，从理论到实践的教学方法适应了短期内培养出大量的技术技能型人才的需求。然而，在经历了快速、大量培养人才的阶段后，社会关注的焦点由数量转向了质量。基于此，能够既适当满足人才培养数量需求，又能大力提高人才培养质量的教学方法受到重视，"理实一体、做学合一"这种适应于技术技能型人才培养的方法应运而生，并在现代学徒制中得到了最佳体现。

（5）教学评价的维度：主观评价—客观评价—多元评价。

在传统学徒制中，教学是师傅与学徒个体的事情，因而教学评价主要依靠师傅个体的经验来判断该学徒是否能"出师"，外界也并未对人才的评价有特别的要求和约束。对于学徒水平的判断，也主要依据其师傅的水平的来评判，即所谓"名师出高徒"。在学校教育制度下，教学评价通过对课程的分别评价来整体体现学生的水平。由于学生数量较多，老师对学生的评价必须依赖于客观的评价标准来进行，在这个阶段，客观评价是教学质量评价的主要特征。在现代学徒制模式下，育人主体的多元性决定了教学评价需要由企业、学校通过毕业证、职业资格证书、技术等级证书等多方面主客观综合评价才能有效确定人才培养的质量。

（二）现代学徒制的要素

现代学徒制的实现既需要学校层面的微观探索，也需要国家层面的宏观支持。然而，在社会主义市场经济的背景下，"等、靠、要"的模式显然不适应市场经济的规律和需求。因此，如何在有限的政策支持背景下，采用"草根模式"，探索微观范围的现代学徒制实现形式，成了我国职业教育所面临的主要问题。因此，基于我国的国情，追求大范围的"大、一、统"模式的现代学徒制是不现实的，而是要根据不同地区、不同行业、不同学校、不同专业的实际，探索与其相适应的现代学徒制实现形式。当然，在现代学徒制的多元化实现形式中，有一些基本要素是必须要具备的。基于现代学徒制的逻辑起点在于校企合作，其关键在于如何有效整合学校教育和工作现场教育。因此，现代学徒制的基本要素主要包括：

1. 校企双方共同参与

在传统学徒制中，行会在学徒制的建立与发展中起到了至关重要的作用。在我国，随着市场经济的发展，行业协会在人才供需方面的作用日益弱化，因而现代学徒制的建立较之传统学徒制来讲，人才供需双方的直接对接成为现实。因此，现代学徒制的建立，必须建立在学校和企业双方共同作为主体的基础上，实现校企双主体育人，即学校和企业作为平等的育人主体共同深度、全程参与人才培养。以四川交通职业技术学院（以下简称川交职院）汽车运用技术专业为例，通过学院与汽车试点企业的全程、深度和全方位合作，实现了校企之间对优质资源的共建、共享、共管、共用的"共生型"的合作机制。

2. 利益共振是主动力

当前，校企合作面临的主要问题是如何深入和如何持续的问题。这个问题的解决不仅要靠国家的政策支持，更需要学校和企业这两个主体通过相互磨合，探寻到双方的利益共振点，建立相互依赖的关系。

《教育部关于推进高等职业教育改革创新引领职业教育科学发展的若干意见》（教职成〔2011〕12号）指出，高职教育的发展要以"合作办学、合作育人、合作就业、合作发展"为主线。"四个合作"表明了高职教育校企合作的发展方向已经由单一转变为多元，由关注当下转变为注重持续发展。基于此，校企合作需要建立一种长效机制，来扭转当前"应激性""一时性"的合作行为，确保校企之间具有稳定的合作关系。长效，即一种自觉，将机械地应答变为一种工作习惯方式；机制，即制度化，是事物运行的基本原理。校企合作的长效机制就是要建立校企之间的一种"合作惯性"，在市场经济的背景下和经济人假设的理论下，这种"合作惯性"的基点在于校企双方能够相互获利，即形成了相互依赖的利益共同体。然而，就目前而言，校企合作难以持续的根本原因就在于企业在合作中"难以见利"，没有利益来吸引企业主动地参与到校企合作中来，导致校企双方无法以平等的身份进行对话，合作也就无法长效进行。

"共振"是指一个物理系统在特定频率下，以最大振幅做振动的情形。此一特定频率称之为共振频率。共振是物理学上的一个运用频率非常高的专业术语。共振的定义是两个振动频率相同的物体，当一个发生振动时，引起另一个物体振动的现象。我们将物理学中的"共振"概念引入职业教育中的校企合作，其振动的特定频率是"利益"。原本，企业以生产为目的，学校以人的培养为目的，从表面上看，二者利益不一致，但由于企业的生产需要人、需要技术，而学校是培养人的、提供技术服务的，因此校企双方通过合作实现了"双赢"，企业自觉地参与合作，就形成了"共振"，甚至产生了"共鸣"（共振在声学中亦称"共鸣"，它指的是物体因共振而发声的现象，如两个频率相同的音叉靠近，其中一个振动发声时，另一个也会发声。）因此，实现校企深度合作的关键在于实现校企双方的"双赢"，即实现利益的"共振"，以从根本上解决校企合作的结合点。基于此，校企合作的内容是通过教育环节和生产环节的尽可能重叠，实现教育工作项目与企业生产项目的一致性。利益共振的核心在于"依赖"，即企业愿意合作，主动参与合作。当然，利益仅是校企合作的主动力之一，学校和企业还应当具有相应的社会责任，将利益共振的效益扩大，提高高职教育的质量、提升企业的收益，最终提高校企双方的社会贡献率。

（1）校企合作的内在动力在于"利益"。

从事物发展的规律来看，事物的发展的动力包括外在动力（外因）和内在动力（内因），而外因也要转化为内因才能发挥实质的作用。基于此，校企合作除了政府支持、鼓励的外在动力外，关键是要挖掘合作的内在动力。学校教育具有公益性，而企业生产具有利益性，即追求利润的最大化。当前，与高职院校合作的企业以民营企业为主，而民营企业的特性在于追求低成本、高收益、短周期。因此，民营企业与高职院校合作，不可能过多地投入毕业生上岗后的上岗培训费用；同时，人才培养是一个周期较长的工程，让民营企业参与高职院校的人才培养，在短期内难以看到实效。可以看出，这种传统的合作模式下，企业不可能积极主动地参与校企合作。这就需要探寻推动校企合作的内在动力，其关键点就在于"利益"，通过利益的驱动，实现"校企双赢"。在校企合作中，对于学校而言，利益显而易见，即能够以较低的成本培养出高质量的人才；对于企业而言，利益趋于隐性，需要发挥学校的主动性来搭建平台。以川交职院汽车运用技术专业为例，该专业建立了"引名企进校园，融专业入社会，育高技能人才"的专业建设模式，以校企共建试点培训中心为依托，已成功引入宝马、通用、雪铁龙等9家知名企业试点。

通过构建"三化两型"校企双主体教学模式（"教学组织柔性化、教学方式行动化、教学评价多元化""师徒型的师生关系、开放型的教学环境"）让企业体验到了合作的"利益"：获取企业所需的、上岗即用的毕业生；解决了企业员工技术提升培训的后顾之忧；获得破解技术难题的高校资源。基于上述利益，企业主动参与到校企合作中来，双方互利互惠，奠定了合作长效化的基础。

（2）校企合作的持续动力在于"依赖"。

当前，校企合作长效机制难以形成的重要因素是学校和企业双方没有形成相互的依赖关系。建立在私人关系、情感关系、机遇关系基础上的校企合作关系，都难以形成持久的、稳定的合作关系。只有基于双方的"利益"，形成积极相互依赖的"共生"关系，才能调动起校企合作的持续动力。川交职院汽车运用技术专业校企共建的宝马等试点培训中心同时承担着各试点制造厂商对经销店员工技术培训、技术等级认证的重要作用。学院各试点项目教师在第一时间接受各试点制造厂商的新技术培训，各试点制造厂商的最新车型、先进诊断设备、最新技术资料、最新维修公报、典型故障案例等优质资源均可在第一时间到达学院培训中心，企业技术人员培训、企业员工技术等级认证等在学院培训中心进行，学院试点培训中心的师资队伍、教学设备、技术资料等与汽车维修最新技术始终保持同步，使培训中心同时成为企业员工技术培训、技术等级认证的平台。同时，丰田技术员、丰田专业技术员、服务顾问培训与认证，宝马学徒工、宝马机电工培训与认证，东风雪铁龙机电工、技术专家、服务顾问培训与认证，东风标致机电工、技术专家、服务顾问培训与认证等企业员工的培训和认证项目等均成为我院各试点培训中心所承担的技术培训项目。

可以看出，汽车试点厂商的人才需求、员工技术提升等公司发展的核心要素，都依赖于这个校企共建的培训中心，所以企业能够积极地参与基地的建设与发展，并投入大量的人力、物力和财力支持中心建设。

（3）校企合作的最佳状态在于"共振"。

校企双方在形成依赖的基础上，达到"共振"的持续双赢状态，就建立了一种良性的长效机制。如此一来，企业就能将参与校企合作当成一种积极、主动的自觉行为，成为不需要外力约束的一种惯性。川交职院与汽车试点厂商之间就形成了"共商培养方案、共定课程体系、共培师资队伍、共建学习环境、共组订单班级、共施教学过程、共评学生质量、共担教学成本、共享发展成果"等共振机制。几年来,在川交职院与汽车试点厂商的合作教学项目中,企业累计投入教学设备及耗材3759.96 万元,近四年增长 176.1%,提供各种培训技术资料及教材 5742种,近四年增长 473.6%,免费培训认证师资 232 人次,近四年增长 231.4%。学生 100%实现订单培养,2011 届毕业生半年后起薪比 2009 届增长 42%,比全省平均水平高出 10%,企业满意度达 96%。

川交职院十年的探索发现,校企合作既要有社会责任、政府督导等外因的推动,也要有内因的驱动才能持续。这个内因就是校企之间要有共同的利益才能真正合作。对于学校和企业两个主体而言,合作形成的前提就是既要满足人的利益,又要满足生产利益,生产内容和课程内容要有"交集",才能维持合作的长效性。当然,尽管"利益"是校企合作长效化的根本,但这并不排斥校企双方基于各自的社会责任和社会道德而产生的合作行为。

基于校企之间的利益共振,从而进一步实现了校企合作办学的实质化、合作育人的全程化、合作就业的责任化、合作发展的持续化。

第一,合作办学实质化。校企浅层合作与深度合作的显著区别就在于校企双方合作办学是形式化还是实质化。例如,学校专业方向按企业所需确定,并在企业建立实习基地,建立专业专家指导委员会和实习指导委员会。聘请行业企业的专家、高级技师等为指导委员会成员,与企业签订专业实习协议,逐步形成产学合作体。就实际情况而言,这个方面,指导委员会在很大程度上还停留于形式层面,对高职院校的实质性指导作用没有充分发挥。有的院校还提出,在校企合作的组织架构上,可选择全球化企业作为双主体成员;设立双院长、双系主任、双工业中心主任、双专业主任制度;建立由政府、行业、企业、社区、学校代表参与的高职院校管理委员会或理事会,统筹管理校企合作办学事宜。当然,组织架构上的合作是实质性合作的基础,但最根本是要发挥企业在高职院校建设与发展中的作用,要有明确的责权利和工作机制,这样才能实现校企合作的实质化、纵深化。

第二,合作育人全程化。育人是教育的根本,高职教育的根本目的就是在于为生产、建设、管理、服务一线培养高素质技能型人才。因此,高职院校与企业的合作也必须围绕这个目标来开展。培养高素质技能型人才这个培养目标，内在地设定了高职院校与企业之间合作育人的全程化，因此，从学生入学到学生培养再到学生就业，都必须有企业的参与。就入学阶段，在招生过程中，应当体现企业的需求。特别是当前单独招生在高职院校的实施，企业参与这一过程有了现实的基础；另外，在订单培养的人才培养模式下，企业也在人才的选拔上具有很大的主体作用。在培养阶段，企业应参与专业设置、培养计划、课程开发、实训实习、学生考核等方面。在就业阶段，企业应主动承担起学生就业的责任，将学生就业作为自身的本职工作，尽全力促进学生的就业。这一点，将在"合作就业责任化"中具体谈到。

第三，合作就业责任化。高职教育是以就业为导向的教育，因此，实现学生就业是高职教育的重要职责。当然，在校企合作的办学模式下，企业也是学生就业不可缺少的重要力量。当前，尽管很多高职院校与企业的合作都集中于学生就业上，但是对于学生就业，并没有建立相应的责任制度，没有形成相应的责任机制，导致学生就业难以形成稳定的渠道。校企深度合作就是要打破仅仅按企业需求实现学生就业的不稳定性，将学生就业纳入企业的责任范畴，让学校与企业充分利用自身资源，共同承担实现学生就业的责任。

第四，合作发展持续化。合作发展是校企合作的高级阶段，是在合作办学、合作育人、合作就业的基础上实现校企的双赢。校企合作发展是校企深度合作的高层次阶段，并且这种发展具有持续性。达到这个阶段的校企合作，校企之间在很大程度上形成了积极的相互依赖的共生关系，彼此不能离开对方而生存。例如，企业的员工需要高职院校培养，企业的技术依赖于高职院校，企业的规划与发展需要高职院校的智能团参谋；而高职院校办学、育人以及学生的就业等都需要企业的全程、全面参与。同时，两者的合作不是盲目地"应急性"合作，而是具有长效性的可持续合作。

3. 学生具有学徒身份

在校企双方作为利益的主体形成积极的互相依赖的依存关系背景下，现代学徒制的建立就有了基础，在此基础上，赋予学生学徒的身份（签订培养协议或就业协议），以使学生的培养成为学校和企业双方共同的责任，至于具体的学徒培养方式，则根据学校和企业的实际情况具体协商。例如，在整合学校教育和工作现场教育方面，可以以学校场地为主，整合企业资源；也可以以企业场地为主，整合学校资源。例如，四川交通职业技术学院汽车运用技术专业，就是与知名企业试点厂商建立汽车培训中心，场地在校内，但是建设要求、环境布局完全按照企业培训中心的要求建立，学生足不出户就可以完成一年的学徒培训。这种学徒培养模式就是在学校的企业培训中心，是以学校为主，整合企业的设备、师资、技术等资源。再如广州技师学院，其学徒制的建立方式是以企业场地为主体，整合学校资源。对于广州技师学院的学生，其三年的培训学习任务全部在企业完成，教育教学的组织以企业为中心，企业提供教学场地，教师到企业上课，这就从形式上扭转了当前就学校而论教育的职业教育现状，并且真正赋予了学生学徒的身份，学生对自己的身份也具有了真实的体验和认同感。

（三）现代学徒制的模式

现代学徒制是传统学徒培训与现代学校教育相结合、企业与学校合作实施的职业教育制度，起源于联邦德国的职业培训，第二次世界大战以后逐步形成配套的国家制度。目前，大多欧洲国家都建立了或正在探索建立适合新时期的现代学徒制系统。德国现代学徒制开展普遍，制度规范，企业参与度高，500 人以上的大企业学徒制参与率高达 91%。瑞士学徒培训制度完善，学生在完成义务教育后（15、16 岁），约有 2/3 的人进入职业教育体系，其中 4/5 参加学徒制，剩余 1/5 进入全日制职业学校。英国把开展现代学徒制作为实施国家技能战略的重要途径，政府的教育战略报告《世界一流学徒制：英国学徒制发展战略》宣布，要让学徒制学习成为 16 岁以上青年的主流选择。意大利建立了全球教育层次最高的学徒制，以法案形式规定学徒合同同样适用于博士研究生。根据欧盟 2012 年的报告，在 27 个欧盟成员国中，在中等教育层面开展了严格意义现代学徒制的国家有 24 个，另有 14 个国家在高等教育层面开展了广泛意义现代学徒制。据统计，在中等教育层次，2009 年欧盟共有学徒370 万人，另有 570 万学生在学校主导的工学结合项目中也参加了企业培训，这两类学生的总数约占全部中等职业教育学生的 85.2%，占全部中等教育学生的 40.5%。

世界其他国家如澳大利亚、美国、加拿大等，现代学徒制也已成为职业教育发展的战略重点。澳大利亚学徒制机制灵活，数量增长快。2011年政府启动"澳大利亚学徒制激励计划改革"，发展高技能型的劳动力市场，支持澳大利亚经济持续稳定发展。美国以合作教育形式开展学徒制培养，学徒可根据职业岗位能力目标的不同，选择不同的育人企业学习，学徒有更为宽广的学习与从业选择空间。尽管各国开展现代学徒制的形式具有一定的差异，但"双重"身份、"双元"育人、工学交替、实岗培养的内在本质是一致的。

1. 英国的现代学徒制模式

随着社会生产对工人素质要求的提高，传统学徒制已经不能适应新的需要，于是，英国发展出了由现场教学与学校教育相结合、工读交替的现代学徒制教学模式。英国现代学徒制起源于英国保守党政府1993年的政府预算报告。从那时起，学徒培训就被列入了政府预算，培训经费也有了稳定的保障。由学习与技能委员会及其下设的地方委员会负责本地区学徒制培训的资助，其资助程序是由政府制订预算，各地再根据本地区行业发展情况，制定各自的资金拨付计划。[①]

英国学徒制体系由三个级别组成：中级学徒制（国家职业资格2级）、高级学徒制（国家职业资格3级）和高等学徒制（国家职业资格4级及以上）。学徒培训的依据是国家统一发布的"学徒制框架"。它由英国各行业技能委员会开发，核心内容是学徒需要获得的若干个国家资格证书。与德国及瑞士不同，英国学徒制框架本质上是一种目标-结果导向的管理策略，对学习的具体内容和校企分工没有限制，培训机构教什么，企业教什么，学徒怎么学，都非常灵活。英国学徒制中，通常是培训机构主动寻找合作企业，企业开展职业教育的积极性不高。在现行学徒制政策中，培训机构可以通过开展学徒制获得国家拨款，因此较为主动。

学徒通常需经过面试确定录用，并签订培训合同。在培训开始后，培训机构与企业按照共同商定的培训计划交替开展教学，通常为每周4天在企业，1天在培训机构。当企业距离培训机构较远时，也会以若干周为

---

① 张晓明. 英国：工读交替的现代学徒制[N]. 中国社会报，2007-1-15（8）.

单位进行交替。培训机构会安排导师全程跟踪学徒在企业的学习与工作进展，对学徒的考核主要根据学徒在工作现场的表现。专业颁证机构、培训机构，甚至雇主本身，只要通过资格认可，都可以成为评估者。学徒取得学徒制框架里规定的所有资格证书，便成功完成了学徒制。为了帮助英国的小企业开展现代学徒制，最近英国还发展了一种新的学徒招募模式——学徒制培训中介模式。在这一模式中，学徒制培训中介是学徒的雇主，它将学徒分配到合作企业接受学徒培训，并向企业收取一定费用。当企业无法继续雇用学徒时，学徒制培训中介就为学徒寻找新的学徒岗位。[①]

具体而言，整个学徒期一般持续 4~5 年，第一年学徒工脱产到继续教育学院或"产业训练委员会"的训练中心去学习；在以后的几年中，培训主要在企业内进行，学徒工可利用企业学习日每周一天或两个半天带薪去继续教育学院学习，也可去继续教育学院学习一些"阶段性脱产学习"的部分时间制课程。学徒工完成整个学徒训练计划，并顺利通过相关考核，还可获得相应的职业资格证书。

2. 澳大利亚的现代学徒制模式

澳大利亚学徒制是沿袭英国模式并逐渐在发展和改革中形成自身特色的。尽管不及德国的规模，但澳大利亚学徒制已经成为传统手艺和现代贸易行业的主要培训方式。

1788 年，随着新南威尔士殖民地的建立，学徒制开始进入澳大利亚。19 世纪末，这种最终可以为青年人带来社会地位的就业和培训方式逐渐被人们接受和认可；并且在建立联邦制后，国家仍然继续负责规范和管理学徒制。1984 年，澳大利亚制定了第一部不同于英国的学徒制法案——《1984 新南威尔士学徒法案》。几年后，该法案又得到完善，即《1901 新南威尔士学徒法案》，其中，许多学徒管理的具体框架至今仍然保留。1996 年，随着政府的更替，政府将学徒制和受训生制合并，统一称为"新学徒制"。新学徒制实质是把实践工作与有组织的培训结合起来，颁发广泛认可的学历资格证书。[②]新学徒制包括学徒制和受训生制度两部分。这种培训可

---

① 关晶. 现代学徒制何种模式适合我国？. 中国教育报[N]. 2014-10-3.
② 劳动保障部培就司赴澳考察团. 澳大利亚的新学徒制[J]. 中国培训，2003. 5：48.

以是全日制，也可以是部分时间制。通常以雇主与新学徒之间签订的培训协议为基础，培训协议要走相关的州或领地的培训当局注册。在培训经费上，只要经过澳大利亚国家培训局（ANTA）认可，任何机构、企业和个人都可承担学徒培训，政府一视同仁地给予经费支持。1998 年开始实施的"新学徒制"中，较为突出的、有别于其他国家的特点是，采用培训包的形式，为职业教育和培训项目提供了最基本的内容，主要包括国家行业能力标准、国家资格证书和评估准则三个核心部分，同时也包括辅助性材料，如学习策略、评估材料和职业发展材料。用户选择政策也是澳大利"新学徒制"的特色之一，雇主可以根据自己的实际情况，选择培训的实践、地点、方式、内容、教师和考试办法等，政府的经费随受训者的人头拨到院校或机构；如果雇主和受训者对院校提供的服务不满意，可以转到其他院校或机构，经费也随之转到新的机构。由此促进了培训机构之间的竞争，有利于提高培训的质量。

3. 瑞士的现代学徒制模式

瑞士的职业教育统归联邦政府管理。学徒制必须根据联邦专业教育与技术办公室发布的"职业培训条例"来开展，它不仅规定了教育内容，也规定了职业学校、企业、产业培训中心的分工职责。瑞士现代学徒制的校企分工是在最高层面进行统一设计的，这点与德国不同，德国的"职业培训条例"只规范企业培训，职业学校的教育内容则由各州政府自行规范。

瑞士现代学徒制在三个场所完成，因此又被称为"三元制"：（1）企业培训。它是瑞士学徒制的重心，约占整个学习时间的 70% 以上。（2）职业学校的学习。大多数职业学校由州或市开办，也有部分学校由行业联合会开办。（3）产业培训中心的入门培训。产业培训中心由行业协会开办，属于独立的第三类培训场所，主要采取集中授课方式，学习内容为从事某一职业所需的基础专业知识和技能。企业培训与学校教育交替进行，典型做法是学生每周 1~2 天在职业学校，3~4 天在企业接受培训。还有一种模式是学生开始时大部分时间在学校学习，然后逐渐减少学习时间，转而以企业培训为主。学徒期满后，学徒要参加一系列的国家考试，以获得联邦职业教育证书（2 年制）或文凭（3~4 年制）。同时，他们还可获得一份由师傅颁发的学徒工作证明。

4. 中国的现代学徒制实践

尽管学校代替企业成为技能型人才培养的主体，但是学徒制并未随之在社会现实中消亡，而是以其"内在制度"的优势，不断随着社会的发展演化。例如，2006 年江苏太仓健雄职业技术学院与德国企业合作，形成了本土化的"定岗双元制"高职学历人才培养模式；2010 年 6 月，新余市委、市政府拟投资 60 亿元规划建设江西职业教育园区，在园区内构建新余市现代学徒制实验基地；2011 年宁波北仑职业高级中学以协议的方式开始试行中职教育学历的现代学徒制教学；广州技师学院与企业合作探索非学历技工培训教育取得了一定的成效等。

（1）自下而上的现代学徒制实践。

第一，爱亲学院。无锡商院与北京华恩投资联合成立了爱亲学院。爱亲学院成立的母婴订单班按照企业需求量身定制培养人才，学生在订单班学习时即是爱亲的准员工，学生毕业到爱亲工作，由华恩投资按照实际的工龄补发工资缴纳社保，学生在学习期间已经开始计算工龄。并且华恩投资设立奖学金、创业金，不仅对优秀的学生提供了帮助，还对毕业后的优秀学子进行创业扶持。这种合作方式加速了为社会、行业输送高素质、高技能人才的进程，也推动了整个行业的发展与升级。除了企业提供的支持之外，学徒式教育最重要的就是校企共育技能型人才，目前爱亲学院设置的"爱亲班"，是由企业和学校共同设置课程，在学生原有专业课程不变的情况下，增添了企业实训课程。此外，学生在假期内可以自愿就近到华恩投资旗下的爱亲母婴实体店实习。这样通过三年六个假期的循环式实训，可以让学生在毕业后更好更快地进入岗位工作，并能胜任店长、区域督导等经营管理岗位。[①]

第二，新余试点。在职业教育改革与发展的浪潮中，逐渐兴起了对现代学徒制的探索与实践。如江西新余市的"新余试点"。[②]

2010 年，新余出台了《职业教育现代学徒制试点工作方案》，希望通过两年的努力，探索建立世界眼光、中国特色，实现国家案例的现代学

---

① 吴晓. 中国式"现代学徒制"[EB/OL]. http://finance.ifeng.com/a/20131121/11128154_0.shtml.

② 李菁莹. 现代学徒制"新余试点"看上去很美[N]. 中国青年报，2011-08-29.

徒制体系，将新余建成全国职业教育现代学徒制示范区、全国职业教育改革发展的先行区。在这个方案中，新余勾画了一幅美好的"现代学徒制"画面：一是招生即招工，凡是有职业培训意愿的，都可以进入新余职业院校就读学习。职业院校与企业签订培养和就业协议，实行订单培养和协议就业，学生一进入学校，就开始进入企业带薪学徒。二是招工即招生，企业新招收的熟练工人，在进入企业上岗之前，全部安排进入职业院校接受企业文化等岗前培训；招收的非熟练员工，须与员工签订培训合同，并根据员工意愿，选择职业院校就读，修满学分后职业院校颁发相应的毕业证书。三是上课即上岗，学校实行灵活学分制，进入职业院校的企业员工，不固定学习时间和期限，随到随学，修满学分为合格。学历教育学生，也可以根据企业订单要求，灵活安排学习，传统的寒暑假和双休日作息制度被打破；建立课堂、实训车间和实习企业三位一体的教学模式，学生在学中做、做中学，半工半读，工学结合。四是毕业即就业，学生在学徒期间，如果学徒和企业双方满意，即可直接签订劳动合同，学徒毕业后即可正式录用为企业员工。

为实现这些美好目标，方案中要求建立一系列保障机制，要加强组织领导、强化政策扶持、加大经费投入和平台建设。如设立处级职业教育研究中心；制定多种方案，拟分 3 期投资 60 亿元建立全省职教园区，还将建立 3 个关键的职业教育新机制：就业准入机制，用人单位招收、录用职工，优先录用获得相应职业资格证书人员，无职业资格证书人员必须先培训，后上岗；考试考核机制；激励补偿机制，市政府将每年安排 2500 多万元奖励现代学徒制成效突出的企业，各项奖励和优惠政策向实施现代学徒制的企业倾斜，并对学徒每人每年补助 2800 元，学生在企业每月还能领到 500～800 元学徒工资。

新余的现代学徒试点，确实看上去很美，然而之中也存在较多的问题：一是"新余现象"面对新产业无能为力。让新余人引以为傲的职业教育在新兴产业面前，显得如此无能为力。"2005 年前，新余职业教育教学模式大都采用基础教育的模式，课堂上基本全上理论课。有的学校会添置一些实训设备，但远远满足不了产业更新换代的需求；2005 年后，新余职业教育的招生量因为各地生源封锁而大量减少，导致职业教育发展滞缓。"此外，新余职业教育长期"两头在外"，即招生在外、就业在外，95%以上的生源都来自外地和毕业去了外地，也使得学校和当地企业用人对接困难。二是"新余现象"面对学生和企业的不同需求无法平衡。

第三，广东试点。2015 年 9 月，火炬职业技术学院、中山中专、中山一职、沙溪理工学院等 8 所职业院校的 10 个专业招收首批"现代学徒制"学生近 300 人。这些学生既有企业员工，也有初高中毕业生，他们需要与学校、企业签订三方合同，并同时具有学生和学徒的双重身份。与传统学徒制和学生不同的是，现代学徒制班里的学生具有双重身份，既是企业员工，直接参与企业生产，也是学校学生，需要在校学习相应的文化或理论课程。未来，他们将往返于企业与学校之间。其中，中职学校的学生进入二年级后，大多数时间将这样度过：进行"顶岗实习"。而"高职学徒"的学习相对灵活，他们可以先入职再学习，也可以先学习再入职，但无论哪种方式，依然同时具备员工和学生两种身份。

（2）自上而下的现代学徒制实践。

《国务院关于加快发展现代职业教育的决定》中明确提出"开展校企联合招生、联合培养的现代学徒制试点，完善支持政策，推进校企一体化育人"，这为我国职业教育深化校企合作、工学结合，推进人才培养模式创新指明了方向。

2014 年的全国职业教育工作会议指出："积极探索现代学徒制，开展现代学徒制试点。""现代学徒制是企业与学校联合招生、联合培养的有效育人模式，是产教融合的有力载体。其中，核心做法是'签好两个合同，用好三块资金、解决四个问题'。'两个合同'分别是学生和企业的劳动合同和学校和企业的校企合作培养合同；'三块资金'分别是企业依法提取的职工工资总额 1.5% ～ 2.5%的教育培训经费、国家中等职业学校学生资助和免学费资金、国家的就业培训资金；'四个问题'分别是招工难、用工不稳定、就业工资低和'80 后''90 后'的人生价值实现等。"

为贯彻党的十八届三中全会和全国职业教育工作会议精神，深化产教融合、校企合作，进一步完善校企合作育人机制，创新技术技能人才培养模式，教育部颁布了《关于开展现代学徒制试点工作的意见》（教职成〔2014〕9 号），这是全国职业教育工作会召开后出台的第一个制度性配套文件。文件要求各地从四个方面把握现代学徒制的内涵：一是积极开展"招生即招工、入校即入厂、校企联合培养"的现代学徒制试点，扩大试点院校的招生自主权，推进招生与招工一体化；二是引导校企按人才成长规律和岗位需求，共同参与人才培养全过程，深化工学结合人才培养模式改革，真正实现校企一体化育人；三是加强专兼结合师资队伍建设，加大学校与企业之间人员互聘共用、双向挂职锻炼、横向联合研发和联合建设专业的力度；四是推进校企共建教学运行与质量监控体系，共同加强过程管理，完善相关制度，创新教学管理运行机制。

　　同时，2014 年 12 月 13 日教育部有关领导在河北唐山召开的全国职业教育现代学徒制试点工作推进会上表示，必须加快推进现代学徒制试点工作，各地要系统规划，做好顶层设计，因地制宜开展试点工作，构建校企协同育人机制。并提出要重点做好五个方面的事情：落实好招生招工一体化，明确学生与学徒的双重身份，明确校企双主体的职责；加强专兼结合的师资队伍建设，完善双导师制，明确双导师职责和待遇，建立灵活的人才流动机制；推进优质教学资源共建共享，校企共同推进实训设施、数字化资源与信息化平台等资源建设，促进优秀企业文化与职业院校文化互通互融；形成与现代学徒制相适应的教学管理和运行机制；完善试点工作的保障机制，加强对试点工作的组织领导，制定多方参与的激励措施。逐步建立起政府引导、行业参与、社会支持、企业和职业院校双主体育人的中国特色现代学徒制。

　　2015 年起，教育部分三批开展现代学徒制试点项目省市分布情况下表所示：

表 1-1　教育部首批现代学徒制试点单位名单

	总数	高职/高专	中职	本科	职教中心	企业	行业协会	地区	地方政府
北京市	4	3	1	0	0	0	0	0	0
天津市	6	2	1	1	0	2	0	0	0
河北省	6	6	0	0	0	0	0	0	0
山西省	3	3	0	0	0	0	0	0	0
内蒙古自治区	3	2	1	0	0	0	0	0	0
辽宁省	7	4	1	0	0	0	0	2	0
吉林省	3	2	1	0	0	0	0	0	0
黑龙江省	4	3	1	0	0	0	0	0	0
上海市	5	3	1	0	0	1	0	0	0
江苏省	10	6	0	0	0	1	0	3	0

续表

	总数	高职/高专	中职	本科	职教中心	企业	行业协会	地区	地方政府
浙江省	11	6	2	0	0	0	0	3	0
安徽省	4	3	1	0	0	0	0	0	0
福建省	4	2	2	0	0	0	0	0	0
江西省	4	2	1	0	0	1	0	0	0
山东省	10	7	1	0	0	1	0	1	0
河南省	7	5	1	0	0	1	0	0	0
湖北省	5	4	0	0	0	0	0	1	0
湖南省	7	4	0	0	0	1	0	2	0
广东省	10	7	1	0	0	0	0	2	0
广西壮族自治区	4	3	0	0	0	0	0	1	0
海南省	2	2	0	0	0	0	0	0	0
重庆市	4	3	1	0	0	0	0	0	0
四川省	5	3	1	0	0	0	0	1	0
贵州省	3	2	1	0	0	0	0	0	0
云南省	3	2	1	0	0	0	0	0	0
西藏自治区	1	0	1	0	0	0	0	0	0
陕西省	4	2	1	0	0	0	0	1	0
甘肃省	3	2	1	0	0	0	0	0	0
青海省	3	2	1	0	0	0	0	0	
宁夏回族自治区	2	1	1	0	0	0	0	0	0
新疆维吾尔自治区	3	2	1	0	0	0	0	0	0
新疆生产建设兵团	1	0	1	0	0	0	0	0	0
全国行业协会	13	0	0	0	0	0	0	0	0
合计	164	98	27	1	0	8	0	17	0

表1-2　教育部第二批现代学徒制试点单位名单

	总数	高职/高专	中职	职教中心	企业	行业协会	地区	地方政府
北京市	10	5	4	0	1	0	0	0
天津市	14	10	3	0	1	0	0	0
河北省	14	8	4	2	0	0	0	0

续表

	总数	高职/高专	中职	职教中心	企业	行业协会	地区	地方政府
山西省	14	10	4	0	0	0	0	0
内蒙古自治区	14	9	5	0	0	0	0	0
辽宁省	13	10	3	0	0	0	0	0
吉林省	14	8	2	2	2	0	0	0
黑龙江省	15	8	7	0	0	0	0	0
上海市	13	7	6	0	0	0	0	0
江苏省	10	7	3	0	0	0	0	0
浙江省	15	8	6	1	0	0	0	0
安徽省	15	7	7	1	0	0	0	0
福建省	13	8	5	0	0	0	0	0
江西省	15	12	1	0	1	1	0	0
山东省	14	11	3	0	0	0	0	0
河南省	14	9	5	0	0	0	0	0
湖北省	14	11	2	0	0	0	1	0
湖南省	13	8	3	0	1	0	0	1
广东省	14	9	3	0	1	1	0	0
广西壮族自治区	15	9	6	0	0	0	0	0
海南省	5	4	1	0	0	0	0	0
重庆市	14	6	5	3	0	0	0	0
四川省	15	9	6	0	0	0	0	0
贵州省	15	8	7	0	0	0	0	0
云南省	12	8	4	0	0	0	0	0
西藏自治区	2	0	2	0	0	0	0	0
陕西省	15	10	3	2	0	0	0	0
甘肃省	14	7	7	0	0	0	0	0
青海省	10	4	6	0	0	0	0	0
宁夏回族自治区	6	5	1	0	0	0	0	0
新疆维吾尔自治区	15	9	6	0	0	0	0	0

续表

	总数	高职/高专	中职	职教中心	企业	行业协会	地区	地方政府
新疆生产建设兵团	8	1	7	0	0	0	0	0
全国行业协会	2	0	0	0	0	0	0	0
合计	406	245	137	11	7	2	1	1

表1-3 教育部第三批现代学徒制试点单位名单

	总数	高职/高专	中职	本科	职教中心	企业	行业协会	地区	地方政府	职教联盟
北京市	12	4	8	0	0	0	0	0	0	0
天津市	8	6	1	0	0	1	0	0	0	0
河北省	15	9	1	0	4	1	0	0	0	0
山西省	15	10	4	0	1	0	0	0	0	0
内蒙古自治区	14	9	5	0	0	0	0	0	0	0
辽宁省	15	12	3	0	0	0	0	0	0	0
吉林省	13	7	4	1	1	0	0	0	0	0
黑龙江省	15	6	8	1	0	0	0	0	0	0
上海市	11	4	7	0	0	0	0	0	0	0
江苏省	15	9	6	0	0	0	0	0	0	0
浙江省	15	8	7	0	0	0	0	0	0	0
安徽省	15	7	8	0	0	0	0	0	0	0
福建省	15	8	5	1	0	0	1	0	0	0
江西省	15	12	2	0	0	1	0	0	0	0
山东省	15	12	3	0	0	0	0	0	0	0
河南省	15	8	6	0	0	0	1	0	0	0
湖北省	15	10	4	1	0	0	0	0	0	0
湖南省	15	10	5	0	0	0	0	0	0	0
广东省	15	11	2	0	0	1	0	0	1	0
广西壮族自治区	15	6	9	0	0	0	0	0	0	0
海南省	3	1	0	0	0	2	0	0	0	0
重庆市	15	8	3	0	4	0	0	0	0	0

续表

	总数	高职/高专	中职	本科	职教中心	企业	行业协会	地区	地方政府	职教联盟
四川省	15	10	4	0	1	0	0	0	0	0
贵州省	15	8	7	0	0	0	0	0	0	0
云南省	15	9	6	0	0	0	0	0	0	0
西藏自治区	0	0	0	0	0	0	0	0	0	0
陕西省	15	13	1	0	1	0	0	0	0	0
甘肃省	15	8	7	0	0	0	0	0	0	0
青海省	8	3	5	0	0	0	0	0	0	0
宁夏回族自治区	5	4	0	0	1	0	0	0	0	0
新疆维吾尔自治区	9	6	2	0	0	0	0	0	0	1
新疆生产建设兵团	2	1	1	0	0	0	0	0	0	0
全国行业协会	1	0	0	0	0	0	0	0	0	0
	401	239	134	4	13	6	2	0	1	1

表1-4　第一、二、三批各省、市、自治区、直辖市试点单位总数

	第一批	第二批	第三批	合计
北京市	8	20	24	52
天津市	12	28	16	56
河北省	12	28	30	70
山西省	6	28	30	64
内蒙古自治区	6	28	28	62
辽宁省	14	26	30	70
吉林省	6	28	26	60
黑龙江省	8	30	30	68
上海市	10	26	22	58
江苏省	20	20	30	70
浙江省	22	30	30	82
安徽省	8	30	30	68
福建省	8	26	30	64

续表

	第一批	第二批	第三批	合计
江西省	8	30	30	68
山东省	20	28	30	78
河南省	14	28	30	72
湖北省	10	28	30	68
湖南省	14	26	30	70
广东省	20	28	30	78
广西壮族自治区	8	30	30	68
海南省	4	10	6	20
重庆市	8	28	30	66
四川省	10	30	30	70
贵州省	6	30	30	66
云南省	6	24	30	60
西藏自治区	2	4	0	6
陕西省	8	30	30	68
甘肃省	6	28	30	64
青海省	6	20	16	42
宁夏回族自治区	4	12	10	26
新疆维吾尔自治区	6	30	18	54
新疆生产建设兵团	2	16	4	22
全国行业协会	13	2	1	16
合计	315	810	801	1926

第二章　现代学徒制的发展逻辑

　　职业教育是有别于普通教育的一种独立的教育类型，其人才培养经历了从传统学徒制到班级授课制再到现代学徒制的发展历程。现代学徒制是对传统学徒制的发展，是将传统的学徒培训方式与现代学校教育相结合的一种"新型学徒制"。现代学徒制基于职业教育"校企合作"的办学理念与"工学结合"的培养模式，与"订单培养"有着紧密的联系。然而，现代学徒制又高于传统的"校企合作""工学结合"与"订单培养"，是学校与企业积极互赖"共生"关系的产物。基于现代学徒制在技术技能型人才培养的质量优势与效率优势，《教育部关于开展现代学徒制试点工作的意见》（教职成〔2014〕9号）正式颁布，并已遴选165家单位作为首批现代学徒制试点单位和行业试点牵头单位。现代学徒制已经在全国范围内展开了积极的探索与实践。

一、以学为本：现代学徒制的生长点

　　现代学徒制是相对于传统学徒制而言的一种具有现代意义的培养学徒（未来的技能和技术人才）的制度或模式，它带来了职业教育理念的转变和教育教学效果的提升。教育的起源就是以职业教育为基本内容的，因此，现代学徒制的实施不能改变其"育人"本性，"学"依然是现代学徒制的根本。

（一）以学为本的现代学徒制倡导"以生为本，以师为用"的教育理念

　　现代学徒制体现着"以人为本"教育理念的原始诉求，这个朴素的原始诉求，恰是传统学徒制所坚持的，但却被班级授课制所束缚，而在现代学徒制中获得新生。教育以培养人为天职，人是教育的立足点和归

宿点，关心人的解放、人的完善和人的发展是教育的本质。职业教育的发展同样如此，尽管职业教育应以就业为导向，但这并不意味着职业教育被市场需求所奴役，一味地被动迎合市场需求。在教学目标的确定上，职业教育仍然需要坚持"培养人"的教育本质，以促进学生的全面发展、满足学生的多样化需求为终极追求；在教学过程的实施中，将职业院校学生作为"发展中的人"来对待，充分尊重学生的主体地位，基于学生的职业成长规律，着眼于学生的可持续发展。具体而论体现为教与学的关系和师与生的关系两个方面：

一是在教与学的关系上，学生的"学"是根本，"教"服务于学，理想状态是实现教学相长。尽管教与学的关系是一个古老的话题，但是在现代学徒制视域下的教学关系，是对传统学徒制合力内核的继承与发展，具有特殊的价值和意义。例如，在教学内容上，现代学徒制将学生"学什么"放在首位，在此基础上再考虑"教什么"；在教学方法上，现代学徒制将学生"怎么学"放在首位，在此基础上再考虑教师"怎么教"。

二是在师与生的关系上，学生是本体，是学之根本，教师服务于学生的成长与发展，理想状态是实现师生共进。在师生关系的研究与实践中，曾有过"教师中心说"与"学生中心说"的激烈争论。现代学徒制视域下的师生关系，不是简单的中心和非中心的概念，而是本体和所用的概念。在学徒制（无论是传统学徒制还是现代学徒制）背景下，学生具有明确和正式的学徒身份，基于此，师傅（教师）与学徒（学生）之间形成一种显性或隐性的契约关系，师傅（教师）与学徒（学生）因共同的目标——"出师"而建立起师徒（师生）关系。在这种契约背景下的师徒（师生）关系，必须坚持"以生为体，以师为用"的体用之道才能推动契约的达成。当然，这并不排斥在这个过程中师生的共同发展。

（二）以学为本的现代学徒制追求"个体发展，社会进步"的双赢目标

现代学徒制不仅是职业教育作为一种教育类型的发展需求，同时也是提升人才培养质量的时代需求。经济社会的迅猛发展与日新月异的变革，为职业教育在人才培养方面提出了更高的要求。职业教育不但要为经济社会发展提供足够数量的人才，而且在人才质量以及人才培养效率

等方面均面临着更高的要求，如何快速、高效地培养高素质人才成为职业教育发展中的一个核心问题。现代学徒制是传统学徒制经过班级授课制的洗礼而诞生的，整合了学校与企业两个主体的教育力量，不但传承了传统学徒制的质量优势，更是进一步发挥了班级授课制的效率优势。

传统学徒制作为一种古老的职业教育形式，在工场手工业时代培养了大量的技能型人才，在传统手工业发展的历史进程中扮演着重要角色。然而，随着工业革命的到来，传统的手工作坊逐渐退出了历史舞台，机器化大生产促使人类生产方式发生了重大转变，亟需大量的具有熟练劳动技能的工人。传统学徒制显然无法满足这一历史需求，于是在班级授课制的基础上产生了现代学徒制。现代学徒制的产生不仅仅实现了职业教育理念的转变，更进一步促进了职业教育效率的提升。在人才培养方式方面，现代学徒制实现了学校与企业的全面合作，以及产与教的深度融合，可以使个体获得快速成长，并能够在较短的时间内为社会发展培养大量的实用型人才。

可以看出，现代学徒制是对传统学徒制的否定之否定，是对传统学徒制"以学为本"理念的继承与发展。只有建立在"以学为本"这个生长点基础上的现代学徒制实现形式，才是真正意义上的现代学徒制；抛弃了"学习"和"学生"的现代学徒制是伪现代学徒制。基于此，现代学徒制在职业教育实践的生长点在于"以学为本"，即肯定"学"（学习和学生）在教育活动中的主体地位，切实做到"因学论教"。

二、工匠精神：现代学徒制的切入点

在工业 4.0 的新形势下，在由制造大国向制造强国迈进的进程中，职业教育肩负着传承工匠精神，培育大国工匠的重任。"工匠精神"是现代工业制造的灵魂，2016 年，"工匠精神"首次在政府工作报告中正式提出。"技进乎艺，艺进乎道"诠释了"工匠精神"的基本内涵，在高超技艺的基础上融入职业素养、职业道德、职业智慧等，进而达到"技可进乎道，艺可通乎神"的境界。"工匠精神"的培育依赖于工作现场与真实任务，依赖于师傅的"口传心授"。职业教育其本质和特征是"跨界的教育"，既是"工"，也是"学"，是"职业性"与"教育性"相结合的产物。现代学徒制将这种"工"与"学"结合得更为紧密，为工匠精神的培养创设了"形""神"兼备的条件。

（一）以现代学徒制的"职业性"创设工匠培养之"形"

无论是"精益求精、持之以恒、爱岗敬业、守正创新"，"敬业、精业、奉献"还是"爱岗敬业、无私奉献；开拓创新、持续专注；精益求精、追求极致"，如此的"工匠精神"均需要具有职业属性的人才培养模式来支撑。现代学徒制作为职业教育人才培养的模式之一，具有天然的职业属性。所谓现代学徒制的职业性，主要指的是现代学徒制与人的职业生活和职业发展密切相关，是促使个体职业化的教育实践活动。突出现代学徒的职业性，是因为"职业生活是人生中的主要行为，人若没有职业，其他各种行为都必受影响，所以教育以职业生活为目标之一，是极有道理的"。因此，职业性应当是现代学徒制的根本属性，离开职业性，现代学徒制则失去了其存在的前提。

现代学徒制的职业性体现在整个育人活动的始终。职业教育的重要特性在于需要创设相应的情境要素，实现"做中学"，这是职业教育有别于平行教育的重要特性。同时，体现"职业性"的情境要素不仅是指实训设备等硬件，更重要的是构建情境要素的软件和相应机制，例如，如何通过校企合作，建立实训条件的长效发展机制；如何通过教学管理，优化实训资源的配置；如何通过教学设计，实现理论与实践的一体化教学等等。这就需要建立一种新的职业教育制度，以适应职业教育职业属性的特殊需求。现代学徒制紧贴职业教育人才培养的特殊需求，通过校企的深度合作，一是建立学徒与企业间的契约关系；二是构建基于学习任务（由典型工作任务经过教学化处理转化而来）的理论实践一体化教学环境，并能促进学生自主学习的学习资源建设；三是注重师生情感在技艺传承以及职业道德养成过程中的重要作用。在这个过程中，基于现代学徒制的"共生"型校企合作关系，企业作为育人的主体之一，在设施设备投入、培养方案制定、课程资源建设、师资力量投入以及行业规范和企业文化融入等诸方面表现得更为积极主动。如此，学徒在真实的工作现场，通过真实的工作任务，通过师傅的言传身教，既达到了学校毕业生的要求，又达到了企业的入职标准，更具备可持续发展所需的"工匠精神"。因此，将"工匠精神"置身于现代学徒体系中培育，既发挥了现代学徒制"职业属性"的天然优势，又为提升人的培养质量找准了切入点。

（二）现代学徒制的"教育性"创设工匠培养之"神"

尽管"技艺授受"是职业教育的本质，但是职业教育不仅限于"技艺授受"。现代学徒制作为培养技术技能型人才的一种路径或模式，归根结底是一种培养人的活动，不能因其"职业"属性而忽视其"教育"属性。在17世纪末，伴随工业化大生产带而产生的仅负责一个最具体工作的工人（如电影《摩登时代》所描述）已不能适应时代发展对技术技能型人才的需求。教育性在新时代技术技能型人才的培养过程中显得尤为重要。现代学徒制的教育性主要体现为对职业教育人才培养目标从"成器"到"成人"的升华，这就需要将现代学徒制下的技术技能人才培养与简单的职业技能培训相区别。

培养个体熟练的劳动技能是现代学徒制的目标之一，然而更为重要的是促使个体的职业化，进而实现个体的全面发展。教育要适合学生的身心发展规律，这是教育的基本原则之一。然而，随着职业教育的规模极大扩张，在职业教育的教学一线，学生学习的个体要素常常没有得到应有的关注，特别是学生的非智力因素，如情感、兴趣等。这导致职业院校学生的内在学习动力难以被激发，学习方式单一、低效等问题长期存在，将职业教育简化为职业培训，"教育性"不足。教育性的核心在于其着眼点不仅关注当下，更关注学生作为教育主体的可持续发展。现代学徒制既关注学生当下的就业和上岗问题，更关注学生技术思维方式的培养、学习迁移能力的培养以及职业道德的养成等学生的可持续发展问题。遵循学生的职业成长规律，注重通过文化（师徒文化、企业文化等）的隐性功能发挥非智力因素在学生职业成长中的影响力。基于此，现代学徒制秉承传统学徒制技术技能型人才培养的"质量"优势，以"工匠精神"作为其"教育性"的重要表征，创设工匠培养之"神"，推动使其可持续发展能力的提升。

三、师承模式：现代学徒制的落脚点

现代学徒制最直观的特征表现为"师徒关系"，"师徒关系"被定义为一个年龄更大的、经验更丰富的、知识更渊博的员工（师父）与一个经验欠缺的员工（学徒）之间进行的一种人际交换关系。"尽管现代学徒制不能简单理解为"师傅带徒弟"，但它是有别于学校教育制度的显性特征，也是关乎人才培养质量的重要一环。因此，"师承模式"成为现代学徒制的落脚点，只有建立了真正的师承模式，才能称其为"现代学徒制"；否则，"现代学徒制"与传统职业教育的"工学结合""校企合作""订单培养"等无异。

（一）"师承"模式是现代学徒制的表征

师承模式是指通过师徒之间默契配合，口传心授，将师傅的经验原汁原味地继承下来，并加以弘扬的一种教育方式。在传统学徒制中，手工工场的出现使学徒制在手工业广为盛行，学徒在固定师傅的指导下，经过一定时间的学习，可晋升为工匠；在学习期间，学徒可以参加师傅的生产经营活动，并获得一定数量的工资。18 世纪末、19 世纪初，随着行会的衰落和生产力的提高，传统学徒制不再适应新的生产方式的需求，因而走向了崩溃，"师承"模式也随之消逝，目前仅在中医药、美术等少数领域存在。

传统学徒制的师徒关系比较单一，以正式"授受"异辈指导关系为主。对于教育的主体之一——教师而言，在传统学徒制中，似乎不存在"队伍"这一说。因为在传统学徒制模式下，师傅通常是个体，就算是行会等对于师傅而言，也都是松散型的，同一行业间的师傅之间有交流，但是在教学方面（带徒弟）通常是相对独立的。在学校教育制度下，教师成为一种职业，并且以学校为单位进行划分，对于统一专业的学生而言，有一个相对庞大和固定的教师队伍对学生进行全方位的教育。但是，教师之间因课程内容的相对独立，故在教学中也相对独立。例如，在职业院校中，同一专业的学生的学习内容被划分为不同类型的课程，如公共课、基础课、专业课等，不同的课程由不同的教师来完成教学任务，教师与教师之间在教学管理上是一个团体，但在教学活动中，是相对独立的，各自完成自己的教学任务，不涉及其他课程。在现代学徒制下，"师承"模式的实现路径是多元化的，可以是一对一，也可以是一对多，也可以是多对多，更多地体现为在教学活动中教师的团队意识和团队力量。基于现代学徒制整合人才培养"质量"优势与"效率"优势特性，其"师承"模式通常是由一个相对固定和稳定的教学团队（项目负责人、学校教师、企业技师、项目辅导员等）来负责相对固定的一个项目班级，在这个项目班级中，既可以采取小组合作的形式，也可以采用一对一或者一对多的方式，组织形式较为灵活，但是这个教学团队和项目班级是固定的，师徒（师生）之间充分接触与了解，教学团队成员之间分工明确，协调合作，有助于生生关系、师生关系以及师师关系的培养，有助于充分发挥情感（心理因素）在技能培养过程中的积极作用。

（二）"师承"模式是"工匠精神"的载体

"工匠精神"的传承，依靠言传身教地自然传承，无法以文字记录，以程序指引，它体现了旧时代师徒制度与家族传承的历史价值。现代学徒制正是以"工匠精神"的培育为切入点，突显现代学徒制培育"工匠精神"的优势。而此优势的体现，则是以其"师承"模式为载体的。

在"师承"模式下，师徒关系不仅仅是一种私人关系，也是一种社会关系。它通常被视为仅次于直接亲属关系的最重要的社会关系，并且往往会维持一辈子。传统师徒制在早期都是父子相传，然后过渡到师傅收养子为徒弟，最后才扩展到一般的师徒关系，这种关系难免保留着父子般的亲密感情，即所谓"一日为师，终身为父""师傅是徒弟的衣食父母"，学徒对师傅的尊崇往往是心甘情愿的，师徒关系非常亲密，徒弟视师如父，师傅视徒如子，这种"情感效应"对知识技能的授受和学徒人格的培养发挥着积极的作用，也是培育"工匠精神"的重要载体。工匠精神也只有通过"师承"模式，通过师徒之间长期的亲密相处才能达到耳濡目染、潜移默化的培育效应。

（三）"师承"模式是人才培养质量的保障

提升技术技能型人才培养质量是现代学徒制的初衷，而质量的提升依赖于"师承"模式的建立。这是现代学徒制对传统学徒制"质量"优势的传承。

"师承"模式较之学校教育制度（班级授课制）在人才培养方面的优势主要体现在以下几个方面：一是教学规模适度，师徒互动充分。有研究发现，师徒之间的互动，通过认知或情感因素会对动作技能的形成产生重要影响。因此，现代学徒制"师承"模式的构建首要解决的问题是缩小教学规模，以确保师徒之间的充分互动。基于校企双方"共生"型关系，现代学徒制充分利用学校与企业的资源，使师徒关系建立在10人左右的规模上，既满足了经济社会发展对人才数量的需求，又确保了人才培养的质量。二是教学方法适宜，个性共性兼顾。在传统的学徒制中，师傅没有受过专业的教育理论学习，也不受外界干扰和限制，通常从自身的技艺操作入手，形成自己独有的一套教学方法，易于因材施教；学徒通常没有经过系统的理论学习，就直接开始接触师傅交给的操作性任务。之后，为适应工业化大生产对技术技能型人才的大量需求，学校开始承担大量的人才培养任务。由此，从理论到实践的教学方法在职业教育中广泛应用，在短时间培养出大量的技术技能型人才，满足了当时的社会需求。现代学徒制下的"师承"模式，既要兼顾师傅与学徒的个性，便于因材施教，又要考虑社会对人才"质"与"量"的需求。基于此，理论与实践一体化的教学方法适应"师承"模式的需要，并在实践中得到广泛的认可和运用。三是教学评价科学，出师标准严格。"出师"是对人才培养质量把控的关键环节。在传统学徒制中，教学是师傅与学徒个体的事情，因而教学评价主要依靠师傅个体的经验来判断该学徒是否能"出师"，具有较大的主观性；在学校教育制度的班级授课制模式下，由于人才培养数量大幅提升，对学生的培养不再是由一位"师傅"从头到尾一教到底，而是将对学生的培养内容划分为不同的课程，由不同的老师分别授课。因此，此时的教学评价不可能由一位教师来作统一的评价，而是通过对各自教授的课程的分别评价来整体体现学生的水平。基于校企共商培养方案、共定课程体系、共培师资队伍、共建学习环境、共组订单班级、共施教学过程、共评学生质量、共担教学成本、共享发展成果的现代学徒制发展机制，"师承"模式下的教学评价（出师），将由学校与企业两个主体共同来承担，既赋予"师傅"相当的评价权，又符合相应的课程评价标准。

第二部分
品味现代学徒制的鲜活故事

第三章 项目：多元的现代学徒制实现形式

在继承传统学徒制在教育成本和技能培养优势的基础上，四川省积极探索多元化的现代学徒制实现形式。

一、汽车专业：校企共建"全程合作"育人平台

四川交通职业技术学院汽车运用技术专业基于"校企共建共享"的平台，与宝马中国培训学院全面开展现代学徒制的研究与实践，坚持"以人为本"的育人理念和"学会做人、学会学习、学会工作、学会生存"的目标，将传统学徒制的质量优势与班级授课制的效率优质有机结合，将传统学徒制"全程教育、以技能为中心、现场学习"的理念和做法融入试点培养，通过"收徒：雇主选人——学艺：校企共育——出师：三证齐全"三个环节，有效保证了高职教育人才培养的主体问题、身份问题和质量问题，为现代学徒制在高职教育中的应用提供了参考和借鉴。

（一）收徒：雇主选人

"招工即招生"是现代学徒制的重要特质之一，四川交通职业技术学院汽车运用技术专业基于企业与学生的"双向选择"，签订《顶岗实习协议》《就业意向协议》《就业协议承诺书》，以合法的形式保障学校、企业、学生三方在订单班学期期间的职责和权利，将学习和就业有效衔接起来，实现了"招工"与"招生"的统一。

（二）学艺：校企共育

现代学徒制是传统学徒制的内涵与学校教育的形式的有机统一，学校和企业成为学生技能培养和素质养成的共同主体。因此，校企双方的合作贯穿人才培养的全过程。在四川交通技术学院汽车运用技术专业实

践现代学徒制的过程中，校企共育具体化为项目化的管理模式、师徒式的师生关系、团队型的生生关系、开放型的学习环境、任务式的学习方式、小型化的组织形式、全方位的教育内容。

1. 项目式的管理模式

在现代学徒制的理念下，企业的角色不仅是"用户"，更是教育的主体。四川交通职业技术学院汽车运用技术专业在实践现代学徒制的过程中，始终坚持企业教育的主体地位，以项目化的管理模式实现企业全程参与学生管理。以试点班为例，每个试点班配备一个项目组（每个项目组由项目组负责人 1 名、运行干事 1 名、设备管理员 1 名以及专职教师 2～3 名、企业兼职教师 1～2 名组成）负责对学生选拔、教学、考核到毕业跟踪的全程管理，重点保障学生在试点班学习期间以及顶岗实习期间学校与企业、学生与企业师傅之间的沟通与衔接，同时负责学生的"售后服务"，即学生毕业后学校继续为试点班学生提供技术更新培训等服务。项目化的管理模式以项目组为依托，减少了日常管理的中间环节，有效增强了企业与学校、学生之间的直接沟通，提高了管理效率，同时也为整合学校教育与工作现场教育提供了管理保障。

项目化的管理模式打破了传统高职教育中以教研室为中心的管理模式，将管理力量充分集中，实现管理的高效化、集中化和专业化，增强了项目班级教师之间、学生之间以及师生之间的凝聚力，有效提升了管理效率。同时，在试点制造厂商对项目执行情况和教师能力的考核基础上，实施绩效联动，促进了教学改革，提升了教学质量。

2. 师徒式的师生关系

学徒制的显著特点在于学徒与师傅之间具有深厚的师徒感情，这种感情成为学徒学习技艺的巨大动力，有助于学徒主动、自觉地投入学习。四川交通职业技术学院汽车运用技术专业在实践现代学徒制的过程中特别注意吸纳传统学徒制在师徒关系上的优势，在试点班中打破传统学校教育严格的课时界限和大学课堂"师生互不相识"的尴尬局面，以灵活的时间和宽松的课堂氛围让教师与学生充分接触、深入沟通，5～6 名成员组成的项目组全程、全面负责 15～20 名学生的学习与生活，真正意义上实现了"亦师亦友"，教师既是技术的师傅，又是生活的导师，深厚的师生情感激发了学生极大的学习热情和学习兴趣，有效解决了当前高职教育中难以解决的内在学习动力问题。

3. 团队型的生生关系

学徒制的重要特点在于学徒之间有着深厚的"同门"情谊，这种心理上的归属感对于学生当下的学习和今后的可持续发展起着重要作用。一方面以试点班为纽带，同一个试点班的同学浸润着相同的企业文化，有着共同的价值追求，在项目团队的带领下共同学习、共同进步。另一方面在具体教学活动中实施小组合作学习策略，小组成员有着共同的目标、共同的任务、共同的评价，学生的学习过程有着更多的自主性、更强的协作性，学生有更多的机会交流表达自己的观点，展示、分享自己的成果，有利于学生团队意识的建立、团队精神的培养，有利于促进学生学会学习、学会做人、学会工作、学会生存。

4. 开放型的学习环境

职业技术教育有别于平行教育的重要一点在于对于学习环境的特殊要求，传统学徒制"现场学习"就是对技能培养的典型优势。现代学徒制在学习环境的构建上一方面要尽可能地实施"现场教学"，另一方面在校内实训环境的构建上要融入"理实一体"的理念，以解决理论与实践脱节、手脑分离、指导无针对性的问题。学院汽车运用技术专业的学习环境在"理实一体"的基础上，增强了其开放性：一是功能的开放，学习环境不是单一的教室，也不是单一的实训室，而是融理论讲授、问题研讨、自主学习、资料查阅、咨询答疑、操作训练等于一体的多功能环境；二是时间的开放性，学生对学习环境具有一定的自主管理权，全天14个小时为学生开放，学生可以按需学习；三是空间的开放性，学习环境的布局与真实工作任务具有一致性，做到实训室即车间、车间即课堂，既相互独立又相互开放，确保学生能够随时根据学习需要进行资料查询、动手操作或者咨询答疑。这种开放型的学习环境有效整合了学校教育与工作现场教育，成为现代学徒制的重要体现。

5. 任务式的学习模式

在现代学徒制理念下，学校和企业作为教育的两个场所既要发挥各自的教育优势，又要实现有效衔接。

一方面，在学习方式上，四川交通职业技术学院汽车运用技术专业采用交替式的学习方式来提高教育效果。交替式的学习方式有三种，一是学生在前四学期的学习过程中，每学期都有一定比例的课程需要到企业完成交替学习；二是在学生在第三学年采用学校学习总时间半年，企业顶岗实习总时间半年的交替方式；三是在学生第三学年的学习过程中采用学校学习 1 月→企业学习 1 月→学校学习 1 月→企业学习 1 月的交替学习方式。工学交替目的在于实现学校教育与工作现场教育的互补、互促。在交替式学习方式的运行中，校企双方既有分工也有合作，依托学徒制班的项目组作为桥梁来实现学校与企业的有效沟通。

另一方面，在学习内容上，强调学生学习过程中理论与实践的统一，强调学生对完整工作过程的体验。通过真实的工作情境引出学习任务，完成任务按照"完整的行动过程"进行，即：体验故障现象、明确学习任务、查阅资料、熟悉结构、制定诊断检查计划，小组展示方案，确定实施计划，分组进行故障诊断与排除，小组汇报查找故障部位及排除方法，自评与互评，总结完善方案。

6. 小型化的组织形式

在传统学徒制下，通常是一个师傅带一个或几个徒弟，这成为保障人才培养质量的重要条件。学校的大规模教育在技能型人才的培养方面有着劣势。因而现代学徒制采用"小型化的组织形式"的人才培养方式来弥补学校教育的这一缺陷。现代学徒制采用"小班化"的组织形式来弥补学校大规模教育在人才培养质量上的缺陷。一方面，学校控制学徒制班级的招生量，如四川交通职业技术学院宝马学徒班招生，将每个班级规模控制在 30 人范围内，由 5～6 名教师组成的项目组全程负责该班学生，师生比控制在 1∶4 到 1∶5 之间；另一方面，采用多样化的小班化组织形式，分小组、分层次、分批次实施教学，确保每个学徒制班级学生受教育的"含金量"。

7. 全方位的教育内容

学徒制作为一种教育形式，不仅是一种技术的传承方式，而且具有教育意义。师傅不仅要造就极熟练的劳动者，对其进行职业道德教育，培育职业精神，还要使学徒成为符合当时道德标准的合格公民。因此，学徒制在人才的综合素质培养方面具有较大的优势。现代学徒制依托于师生之间的"师徒关系"，教师以言传身教、亲力亲为的教育方式，在传授技术经验的同时对学生进行职业道德、行业规范、人际沟通等方面进行教育和感染，突破学校教育对教育内容（特别是德技之间的分离）过分分割的状况，强调教育内容之间的相互联系和相互促进。汽车运用技术专业在实践现代学徒制的过程中依托于师生之间的"师徒关系"，教师以言传身教、亲力亲为的教育方式，在传授技术经验的同时对学生进行职业道德、行业规范、人际沟通等方面进行教育和感染，突破学校教育对教育内容（特别是德技之间的分离）的过分分割的状况，强调教育内容之间的相互联系和相互促进。

（三）出师：三证齐全

"出师"是学徒制的重要环节，学徒需要通过严格考核才能"出师"，并用实际行动维护本职业和师门的形象。现代学徒制在"出师"环节上具有严格的考核体系，学生需同时获取高等职业院校的毕业证书、职业资格证书和宝马企业技术认证证书。同时，宝马学徒班学生的考核还采用教考分离的方式，由宝马中国培训学院组织技术人员进行跨区域交叉考核，确保考核评价程序的公正和严格，以保证人才培养质量。

二、软件专业：打造校企"无界合作"实现路径

四川交通职业技术学院信息工程系软件技术专业在探索现代学徒制的实践路径方面，以学院与上海景格科技股份有限公司（简称景格公司）之间的无界合作为基础，通过真实生产任务和企业生产环境两个层面打造"校企一体"的现代学徒制实现路径。

（一）严格筛选，确定试点企业

在着力考量企业的生存发展需求、企业的规格待遇水平、企业的员工培训能力这三个方面的因素之后，驻校企业——上海景格科技股份有

限公司以良好的合作基础，雄厚的公司实力进入试点候选企业名单。从2016 年 3 月起，校企双方高层多次协商沟通，求同存异，最终达成试点合作意向。

（二）互利共赢，制定试点方案

双方选定软件技术专业 VR 虚拟现实技术培养为试点方向，制定《软件技术现代学徒制试点人才培养方案和试点实施方案》，并就试点实施过程中校企双方权责达成共识，签订了《现代学徒制试点校企合作协议》，为试点工作开展奠定了坚实基础。

（三）统一管理，共建组织机构

校企双方共同成立了试点指导委员会、执行委员会和教学实施部。指导委员会由学院与企业高层组成，学院院长与企业董事长担任，副主任由分管教学的副院长和企业总经理担任，其他副院长和企业副总经理任委员，主要负责现代学徒制试点顶层规划以及工作执行监督，并且每年底召开 1 次工作报告会，总结成效，评优评先，分析不足，对来年工作做出安排部署。执行委员会由学校教务处、组织人事处、学工部、信息工程系和企业人事部、研发部主要负责人组成，负责现代学徒制试点具体工作事项的拟定与执行。试点实施组由学校信息工程系和上海景格西南区研发中心相关人员组成，下设教学实施组及学生管理组，教学实施组负责教学工作实施，学生管理组负责学徒日常管理。

（四）联合招生，明确学徒双身份

2016 年 8 月，校企双方共同制定招生简章，开展试点宣讲，校企共同就试点背景、合作企业介绍、行业发展及就业前景、试点培养介绍、招生信息和试点说明六个方面向学生进行了介绍。校企双方通过学生职业性格测试、共同面试等流程，最终录用 27 名学徒。为保障试点学徒及家长明确试点方向，了解企业、行业、岗位，避免盲目选择，校企制定了《软件技术现代学徒制试点告知确认书》，保障学徒在对试点有较为清晰的认识下签订《软件技术现代学徒制试点学徒培养协议》，避免学生盲目选择岗位。选拔的学徒以协议为保障，明确学生的学徒身份。

（五）混编师资，共建教学团队

引入"现代学徒制"的基本理念，构建师徒型师生关系。组建"学院教师+企业授课教师+企业师傅"的混编师资团队，校企共同负责实施学徒选拔、教学、管理、考核和就业保障，学院教师承担系统的专业知识学习和技能训练，企业授课教师负责企业专业课程教授，企业师傅通过师傅带徒形式，依据培养方案进行岗位技能训练，并同学院一起负责学生的日常管理工作。整个过程企业共投入15名优秀技术员担任授课导师和实训导师，总体负责60%的专业课程教授，另投入2名管理人员专职负责试点管理和学院对接工作，共同对项目团队实施管理和绩效考核，考核结果与团队绩效联动，有力促进教师团队业务水平提升和对学生培养质量的全面有效管理。通过协作，一方面弥补校内教师项目实践经验的不足，提高了专业能力；另一方面，弥补了企业技术人员教学能力经验的不足。

（六）资源共建，打造试点环境

在试点建设过程中，校企双方加大投入力度，共同完成场地、设备、项目建设与资金投入。学院投入教学场地200平方米，由校企共同投入94万元用于实训室建设、实训设备配置、企业环境布置；利用企业丰富的项目资源，校企共同建设3门核心课程的项目库和案例库；学院资金每年投入5万元，用于试点日常工作开展资金。在双方的努力下，试点实训场地、设备全面到位，教学资源持续建设，保证了学生培养工作的正常开展。

（七）创新模式，形成就业能力

学徒培养遵照人才培养方案，创新采用"悉岗→跟岗→试岗→顶岗→上岗"五岗渐进式人才培养模式，整个培养过程以岗位需求为导向。大一悉岗阶段在学院开展基础专业课培训的同时选派企业优秀管理者开展职业素养课程，建立学徒岗位认知、岗位素养，逐步引导学徒向职业人转化。大二跟岗阶段，企业选派6名优秀技术人员实施项目化课程教学，同时以1：5师徒比为学徒安排企业师傅，学徒跟随企业师傅参与力所能及的项目工作，熟悉工作流程，将知识加以应用。大二下期暑假试岗阶段，企业投入 6 名导师，以 1：5 师徒比指导学徒独立承担项目开发，初步形成学徒的岗位能力。大三上学期顶岗阶段，学徒开始进入固定的岗位，和企业员工一样协同参与项目生产，学徒岗位能力全面形成；大三下学期上岗阶段，校企共同考评学徒就业能力，根据学徒情况，引导学徒就业。

（八）校企联动，共保学生就业

学徒毕业后，由校企通过企业招聘、推荐就业、扶持创业等多种形式负责保障学徒就业。企业招聘采用企业与学徒双向自由选择模式，企业设立入职考核，学院负责监督，学徒自由选择是否进入企业就业。推荐就业则根据学徒意愿，由校企共同负责筛选考察合适对口企业，推荐学徒就业。同时，由校企建立创业孵化池，培养学徒创业能力，以项目投入或资金入股形式支持学徒创业。

可以看出，四川交通职业技术学院软件技术专业的现代学徒制实践具有以下特征。

一是企业就在学校，师傅就在身边。学院信息系与上海景格科技股份有限公司建立合作关系，将公司西南区研发中心引入学院，成功搭建起具有真实职场氛围的实践教学环境。目前，景格公司已配备 1 名项目主管、1 名课程资源开发人员、1 名动画设计制作人员、2 名三维设计人员与我院进行课程建设、教学促进方面的合作；与之对应，我院信息系也安排了 3 名专业教师，从课程资源开发、三维设计和动画设计方面与企业技术人员对接，组建师资混编团队，共同承担项目开发和实践教学指导任务。学生足不出户就可以实现学习与工作的"零距离"，享受企业资深师傅的亲身指导。

二是课程融入生产，产学合一。景格公司是专业从事教育技术、虚拟仿真技术研发与应用的机构，其西南区研发中心专注教学资源研发生产，所涉及领域与我院信息技术相关专业的核心课程内容完全一致。将上海景格公司西南区研发中心引入学院，真正实现了"项目驱动、产教融合"的实践教学模式，有效解决图形图像、多媒体和软件技术等专业实践教学内容与生产任务之间脱节的问题。目前，已成功将图形图像、多媒体技术、软件技术等 3 个专业共计 7 门课程的实践教学融入了企业生产任务中。

三是教学化零为整，延续学徒传统。打破传统的专业方向界限和教学时间限制，延续传统学徒制"边看、边干、边学"的全时教育传统，基于自愿、公平、公开、公正的原则，从不同专业选拔学生组建"无界化学习班"，进入企业学习，参与项目开发。基于学生职业成长的规律，"无界化学习班"整合学生在校期间的课余学习时间，通过三个阶段推动人才培养：

大一为兴趣班，培养学生对专业的兴趣，学习基础知识和技能，了解企业文化，体验职业氛围；大二为提升班，学习专业知识，提升专业技能，初步参与项目实施，熟悉项目流程，感受企业文化熏陶，促使职业素养形成；大三为精英班，深化专业知识和技能，全面参与项目实施，全面提高综合职业能力。学生各个阶段都有明确的学习目标和项目任务，加上有严格的考核办法和淘汰机制，更好激发学生内动力，变被动学习为主动学习，有利于提高教学质量和学习效果。

三、涉农专业：探索"新型职业农民"学历教育

成都农业科技职业学院作为教育部现代学徒制首批试点单位，积极探索基于现代学徒制的农业职业经理人培养模式。学院面向四川地区的农业职业经理人开展了基于现代学徒制的学历教育，目前已完成 3 届招生，招收学生 99 人。

（一）招生招工一体：自主招生，量身定制

由于目前高职专业目录中还没有农业职业经理人专业，2016 年农业职业学院依托农业经济管理专业招生，于 2017 年在四川省教育厅成功备案了农业经济管理专业（农业职业经理人方向）。对于农业职业经理人的招生，农业职业学院采用自主招生方式，招生对象为从事农业生产经营管理工作三年以上、在岗且具有初级及以上农业职业经理人证书或新型职业农民证书的从业者。考试科目分为笔试、企业面试、专业技能测试三部分。笔试试题由省统一命制；企业面试由学院、企业、行业专家共同出题和共同考核，面试时间 5 ~ 8 分钟，主要考察学生的职业成熟度、表达与沟通、思考辨别、心理素质以及对农业企业的政策法规、经验理念

等的了解程度；专业技能主要考查学生在实际工作中的技能水平。被录取学生由学院发放录取通知书并与行业协会及企业签订就业三方协议，实现招生招工一体化。

（二）培养模式独特：特殊人群，特殊培养

农业职业经理人属于新型职业农民，是指运营掌握农业生产经营所需的资源、资本，在为农民合作社、农业企业或业主谋求最大经济效益的同时，从中获得佣金或红利的农业技能人才。通过对农业职业经理人的学情分析发现，学生全部属于成年人，且正在经营管理农业相关产业，由此可见，对农业职业经理人的培养如果按照全日制在校学生培养，上课时间、地点都很难得到满足。而现代学徒制培养模式学习形式自由，学习地点扩大，很好地解决了农业职业经理人学习时间、地点等问题。在 99 名学员中，学生年龄集中在 31～45 岁，共计 61 人，占总人数 61.6%，其中，家庭农场主 33 人，占比 32.3%；专业大户（种植、养殖）29 人，占比 29.3%；专业合作社成员 15 人，占比 15.2%；农业企业老板或股东15 人，占比 15.2%；从事事前、产中、产后的农业社会化服务人员 7 人，占比 7.1%。学生中有 82 名学生承包有土地，占总人数 82.8%；所有学生从事农业生产工作均超过 2 年，其中 2～5 年内 38 人，占比 38.3%；6～10 年内 35 人，占比 35.4%；10 年以上 26 人，占比 26.3%。

可以看出，农业职业经理人作为"新型职业农民"的典型代表，具有"职业"的相关特性。首先，"农业职业经理人"既是社会分工的产物，又受行业的交叉整合的影响，这使得"农业职业经理人"不仅要具备农业生产技能，同时还要具备一定的经营和管理技能。学生学习动机主要集中在提高技能、增加收入和获得学历三个方面。学生对于知识的学习有着强烈的热情，但由于所参与的农业生产类型不同，各有侧重点。学生最想通过学历教育学到的知识排在前三位的是农业企业管理知识、种植技术和农产品营销知识。喜欢的学习方式排在前三的分别是现场观摩进行学习、多种方式结合学习，师带徒学习。

基于学院的行业属性，学校与行业协会进行紧密合作。学院已与成都市农业职业经理人协会、蒲江县新型职业农民协会、金堂县三溪镇脐橙产业协会签订了校行合作开展现代学徒制试点联合培养人才协议书，实施全程联合育人。一是在合作机制上，明确校行双方的责任机制。校行联合培养，学校承担系统的专业知识学习和基本的技能训练，并组织相关考试；行业协会通过师傅带徒弟的形式，依据培养方案进行岗位技能训练，由行业协会的师傅进行考核，确立育人"双主体"；二是在课程体系上，构建与学徒制相适应的课程体系，重点针对企业岗位设置和人才培养需求，订制开发企业个性化课程和企业实践课程，建设一系列企业教学标准；三是在管理模式上，探索现代学徒制人才培养管理模式，建立适应现代学徒制运行的教学管理制度，依据学生发展的共性和个性需求选择教学组织方式，实行校行共同参与的灵活有效教学管理模式；四是在师资队伍上，组建专兼职结合的教学团队，实现校内指导教师和行业带徒师傅教学的协作和互补，确立教学"双导师"；五是在培养基地上，确保校内与校外交替进行教学，满足现代学徒制人才培养和学徒就业需求；六是在评价机制上，依校行双方共同制定考核标准，对学生的评价贯通校行，全面体现于现代学徒制实施过程中的各个学习和实践环节。

（三）培养效益初显

成都农业科技职业学院基于现代学徒制的农业职业经理人培养显现了初步的成效。

1. 学徒培养质量提升

通过现代学徒制培养，学徒的专业能力得到较大提高。学徒刘海 2016 年度被成都市农业职业经理人协会评为十佳会员冠军；该班学徒 2017 年参加第三届四川省互联网+大学生创新创业大赛获得铜奖，实现了学院该奖项零的突破。第一届农业职业经理人现代学徒班 21 名学徒的培养成效如下：一是从学徒农场规模来看，入校前（2016 年 9 月前）规模约为 74.67 公顷，目前（截至 2018 年 4 月）规模为 133.6 公顷，增长 79%；二是从农场产值；来看，入校前（2016 年 9 月前）产值为 1146 万元，目前（截至 2018 年 4 月）产值为 2733 万元，增长 138%；三是从农场提供的就业岗位来看，截至 2018 年 4 月，累计提供就业岗位 540 个；四是从农场的社会服务来看，学徒通过公司+农户、专业合作社经营等模式，为当地群众人均年收入 21%的涨幅做出了一定的贡献。

2. 师资团队能力提升

农业职业经理人现代学徒制班学生不同于在校大学生，他们拥有丰富的从事农业生产经营的经历和经验。对他们的培养不仅涵盖理论知识，更注重实际操作。教学对象的特殊性对师资团队提出了更高的要求和更大的挑战，不仅要求指导教师拥有丰富的理论知识和实践经验，还需要师资团队主动与行业企业建立密切的联系，主动更新知识，学习新理论、新科技，才能满足现代学徒制的教学需求。在这个过程中，师资团队的综合水平和专业技能得到极大提升，对推动高水平教师团队建设起到了积极的促进作用。

农业职业经理人现代学徒制班的实践与探索，得到了社会的广泛关注，社会反响良好。2018年咨询报考学院农业职业经理人（学徒制）班学生达500余人。

四、艺术专业：开创委培"八年一贯"长线培养

艺术人才的培养具有其特殊性，现代学徒制与艺术人才的培养规律具有较大的适切性。四川艺术职业学院深入挖掘现代学徒制与艺术人才培养的契合点，根据西藏自治区人民政府办公厅《关于进一步加强西藏自治区专业艺术表演类人才队伍建设的意见》（藏政办发〔2015〕43号）及自治区文化厅有关专业艺术团表演类人员整班定向委托培养工作的相关文件精神，开创委托培养舞蹈表演专业艺术人才现代学徒试点班。

（一）共招生：选拔与委托

招生工作由西藏方与学院方共同组织、参与。在招生选拔中，4名专业考官双方各占2名；4名文化考官双方各占2名。招生工作结束后，由委托培养单位四川艺术职业学院与被录取学生家长签订定向委托培养协议。此次整班委培工作招生培养32名（男、女各16名）舞蹈表演专业艺术人才。

（二）长学制：尝试与创举

"5+3"模式（八年一贯制）符合舞蹈表演幼功专业人才培养规律，是学院人才培养模式改革探索的一种尝试和创举。学制8年，采取"5+

3"模式，前 5 年在四川艺术职业学院进行中专学习教育；学生在中专毕业后，通过转段方式进入该校大专就读 3 年制大专（最后一年在拉萨市歌舞团实习）。期满成绩合格的由四川艺术职业学校颁发大专文凭。小学毕业生入读中专，中专升入大专转段考试，由四川艺术职业学校组织；考试方式可采取单独考试、独立划线的方式进行。

（三）齐培养：协力与互动

目标明确。试点班学生需掌握中国古典舞的基本技能与技巧，掌握中国民族民间舞的基本技能与技巧，并能运用这些知识和技能，解决舞蹈表演方面的基本问题。熟练掌握专业舞蹈演员所必需的舞蹈表演综合能力，能在专业艺术院团从事舞蹈表演工作。

管理到位。用人单位参与教学计划及内容的制定，并派出藏文老师 1 名、专业老师 1 名参与到 8 年的日常教学工作中，担任剧目排练、藏文教学等教学工作，并不定期指派相关专业演员参与日常专业教学。

沟通及时。每学期期末考试结束，四川艺术职业学院及其附中科室领导，以及专业授课老师立即与培养院团之间交流互动。之后，结合院团需求和学院领导的指示，科室领导协同专业教师不断改革培养方式，教材内容和课程设置，为精益求精地培养院团需要的专业舞蹈演员不断改革与创新，如：院团领导希望多学习具有四川特色的和全国各大比赛的优秀得奖剧目，回团后能带回大量演出剧目和一台晚会。基于此，学院每学期安排两个优秀剧目排练。为了增加委培班学生的舞台经验，使他们回团后能最快地适应舞台，学院及附中计划安排学生今后参加大量的演出和比赛等实践学习。

（四）出师严：机遇与挑战

学徒在毕业时，各项专业课程将会以晚会形式在学院剧场分不同板块展示教学成果，并邀请委培单位领导（团长及当地文化局领导）、学院领导及校领导、科室主任、任课专业老师、全体老师观摩考核。整班委托培养学员毕业并取得大专文凭后，由西藏自治区人力资源和社会保障厅单独组织考试，考试合格的录用为拉萨市歌舞团正式事业编制演员，考试不合格的不予录用。

第四章　学徒：深刻的现代学徒制叙事研究

质的研究又称质性研究，是从 20 世纪 70 年代以后随着心理学的本土化运动而兴起的一种新的定性研究①。它不同于以往的定量研究方法，可以说是社会科学自己的研究方法。"质的研究是以研究者本人作为研究工具，在自然情境下采取多种资料收集方法对社会现象进行整体性探究，使用归纳法分析资料和形成理论，通过与研究对象互动对其行为和意义建构获得解释性理解的一种方法。"②质的研究方法不仅包括叙事研究，还包括个案研究、田野研究和案例研究等。本研究采用的主要研究方法是教育叙事研究的方法，这种方法是质的研究方法的一种形式。

叙事研究运用于教育研究主要是基于：通过对有意义的实践经验的描述和分析，发掘或揭示内隐于日常事件、生活和行为背后的意义、思想或理念；而这些不仅有助于改进研究对象的实践活动，也能以更鲜活的形式丰富教育科学理论，促使教育政策的制定与实施更加完善和灵活。因此，叙事研究方法与本研究的目的是一致的，故本研究就采用叙事研究作为主要研究方法。

一、一个"传统学徒制"下成长的学徒故事

（一）研究过程

1. 研究对象的选取

一位合适的研究对象对研究的顺利进行至关重要，直接关系到研究

---

① 郑金洲. 案例教学：教师专业发展的新途径[J]. 教育理论与实践，2002（7）.

② 陈向明. 质的研究方法与社会科学研究[M]. 北京：教育科学出版社，2006.

的过程和研究结果。研究的对象需要具备一定的典型性和代表性，研究对象不仅仅包括人，还包括时间、地点、故事等方面。在本研究刚开始的时候，寻找研究对象的过程并不是很顺利。首先是因为在"学徒制"模式下成长、成熟起来的学生并不是很多；其次，有一些人并不善于表达，或者是表达得不是很清晰，访谈起来很困难。不过，幸运的是一位同事向我们推荐了一个人，也就是本研究的研究对象小明。小明是那位同事的亲戚，同事介绍说小明性格开朗，不仅技术过硬而且人品也很好，在领导和朋友中间都是有口皆碑。通过同事的介绍，我们很快和小明取得了联系，并向其说明了我们的研究意图，小明爽快地答应了，并表示出积极合作的意向，在小明的帮助下我取得了他所在单位的同意。至此，我们最终确定了以小明为本研究的研究对象。

2. 资料收集的方法

本研究采用了访谈、现场观察等途径对资料进行收集。

访谈法：主要有面谈和邮件访谈，面谈有随机的交谈和正式的访谈。随机交谈一般是平时的随意聊天，而正式访谈则是根据本研究需要，提前制订好访谈提纲，以便对某个问题做深度了解。另外，由于小明的工作需要，并不能进行长时间、多批次的访谈，所以，在小明上班工作期间我们就采用了邮件联系的方法，进行邮件访谈。

观察法：职业教育观察是一种科学的观察方法，它不同于日常的生活中的观察。我们对研究对象采取了定性观察法，在实地对观察对象做多方面详尽的记录，并在观察的基础上分析，做出性质的判断或评价，同时以非数字的形式呈现观察内容，其中包括书面语言、口头语言、影像、照片等。

3. 关于研究伦理的思考

出于对研究对象和相关人员利益的保护，我们在本研究正式进行之前对研究对象做了保密的承诺，本研究中的称呼一律采用化名，并对收集的资料妥善保管。研究者本人用"我"表示，被研究者为"小明"。另外，在写作过程中，与研究对象进行了沟通，在不影响研究结果的条件下，对研究对象不愿意公开的内容，在尊重的前提下予以回避。对研究结果有重大影响的部分，一律在与研究对象协商之后转换成其他方式表述。

4. 资料的分析与整理

本研究自 2013 年 8 月确定研究方向之后开始对相关文献资料进行查阅，9 月初与研究对象取得联系，并得到其支持。从 2013 年 10 月到 2013 年 12 月深入到研究对象的实际工作中，通过观察、阅读相关材料和访谈等方式，记录并选取发生在研究对象身上的事件，并收集材料进行筛选和整理，修正研究思路，寻找补充材料。离开小明之后我们通过电子邮件、电话等方式保持着联系。2014 年 8 月开始着手写作。根据对小明工作各方面的了解，从专业成长阶段和影响因素两方面对他的专业成长加以分析。

（二）成长故事

在研究期间，我们尽力走到小明的实际工作当中去，以期获取他专业生活的点点滴滴，经过整理形成了以下关于小明的一系列故事，它们都是曾经或正在真实地发生在小明生活中的事情。在呈现每个故事时，我们都极力保持这份真实，同时也加上了我当时的想法和理解。

对小明的访谈是在他工作车间里面的一个办公室，这是我们提前三天约好的时间和地点。在与小明接触了几天之后我对他的个性、习惯有了初步的了解。小明是个非常负责的人，所以在答应要做我的研究对象之后他就非常地配合。

小明作为专业的汽车维修人员，当问及他从事这一行业的动机时，他说道：

> 1990 年，我出生在北方某农村，家境一般，父母都是朴实的农民。我从小就喜欢动手能力较强的游戏和活动，自己也曾经动手修理过收音机、录音机等这类小电器。小学和初中我都是在家乡读的。小学时期成绩还可以，在班级属于中上游，进入初中以后，学习成绩并不理想（停顿了一下，笑了笑），刚开始还可以，但是后来吧，可能是喜欢流连网吧，学习成绩就急速下滑。慢慢地，我也就不怎么想读书了，也曾经逃过学，但是次数不多。我也没有其他的不良嗜好。2009 年高考过后，由于高考成绩并不理想，我也想过不读书了，出去打工。但父母考虑到我的年龄并不是很大，社会经验也不多，还是希望我学

一门手艺，将来找工作也多一些竞争力。正好这时候有个亲戚
所在的汽车维修厂招工，我也喜欢动手能力强的工作，所以就
选择了到维修厂工作。

人们最初对职业的选择往往都具有极大的盲目性。小明和大多数学
生一样，在高中毕业之前并未接触过社会，对自己的职业生涯也未曾有
过系统的规划，所以，最初在高中毕业后的那段时间选择汽车维修的工
作仅仅是因为自己"喜欢动手能力强的专业"，并不是所谓的职业理想。
毕竟对于小明来说，刚刚走出校门，社会上的一切都是陌生的，所以让
他来做出对自己的未来的选择也是很茫然、很艰难的。

小明来到汽车维修厂后，在那位亲戚的安排下跟着杨师傅做起了学
徒。杨师傅在维修厂已经工作十多年了，维修经验相当丰富，尤其是在
汽车发动机方面，再大的问题到他那边也会很快地解决。由于小明肯专
心钻研又能够吃苦耐劳，所以很快就成了熟练的专业技术人员。他的这
个转变过程也是我们研究的重点。

我："你在并不了解汽车维修专业的情况下做出了选择，那
你在最开始的时候适应吗？"

在谈到这段经历时，小明笑了笑，讲道：

由于是第一次离开家乡，离开父母，外界的一切事物都很
新鲜。我觉得生活可以自己掌握了，时间也比较自由，所以刚
开始的一段时间，自己也经常去网吧打游戏。但由于我对机械
这块儿比较感兴趣，所以开始做学徒后，渐渐地重心也就转移
到学习这块儿来了，跟着学起来觉得也并不是很困难。我还清
楚地记得第一次进行汽车发动机拆装的情景。当时我很兴奋，
杨师傅一开始就让我拿着工具去拆卸发动机，他就在旁边指导，
告诉我怎么可以迅速地拆卸。每卸下来一个部件，杨师傅就告
诉我这个部件叫什么，它有什么功能。就这样，拆装了几次后，
我基本上就了解了汽车发动机的构造。

通过小明学徒生活的初期阶段来看，杨师傅并未给他讲解系统的专
业知识，而是让他直接操作，在操作的过程中再告诉他相关的知识。但可
以看出来，这些知识是琐碎的、零散的，并没有以系统的方式呈现出来。

小明接着讲道：

我做学徒差不多有一年半的时间，除了节假日以外，我基

本上都是在厂房里面，因为杨师傅要求我要熟悉并掌握汽车的各个部件，所以可以说基本上每天我都是泡在维修厂房里的，每天身上都是油渍。因为是学徒，那会儿每个月有几百元的生活补贴，杨师傅在生活上对我也很照顾，所以现在回想起来，那段时间也挺美好的。杨师傅是个很细心的人，他在工作的时候，我就在旁边打下手，遇到不是很常见的问题，杨师傅就会提醒我，让我看着他是怎么操作解决的。慢慢地，我就掌握了汽车维修的方法，而且还包括一些"疑难杂症"。我觉得这与杨师傅的悉心教导是分不开的，一直到现在，我跟杨师傅还经常联系，有什么问题不能解决事，我还会向杨师傅主动请教。

在杨师傅的关心和教导下，小明很快就走上了工作岗位。在这里我们需要指出的是，我们不能确定小明当时是否已经系统地掌握了汽车维修的理论知识，但可以肯定的是他已经熟练掌握了实际操作技能。

我："可以谈谈你走上工作岗位后的经历吗？"

小明：从我心里来讲，我还是很怀念那段学徒生活的，关键是我学到了很多东西，自己的价值得到了体现。所以在学成之后，我就应聘到了现在的公司。刚开始上班时，感觉还是有很大区别的，工作量也比较多。但是我很喜欢这个行业，之前的学徒经历也为我打下了坚实的基础、提供了很大的帮助，工作起来也比较顺手。同时自己对工作中的细节问题也喜欢琢磨/思考。再加上自己不怕脏、不怕累，所以领导对我的工作态度比较认可。差不多一年多的时间，我就成了车间的骨干力量。

我："你是怎么看待你跟随杨师傅学习的这段经历的呢？"

小明：说实话，刚开始的时候，我对这样的学徒生活不以为然，然而经过一段时间的学习，才发现原来在自己从学徒到技术人员的成长过程中杨师傅竟然帮助了自己这么多，不管这些影响是好是坏，至少在自己迷茫困惑的时候有一盏指路灯在给自己指引方向。在学徒期间每天下班回来第一件事情就是写日记，记录着每天的点点滴滴，我也经历着了从学徒到任职初期经历的方方面面。

现在回想起来呢，我觉得这段学徒生涯以及杨师傅对我的影响还是很大的。从一开始，杨师傅就告诉我"在什么样的岗位上就要承担这个岗位所赋予的责任和义务"。在杨师傅正确有效的示范与引导下，我很快地适应了角色的反差。由最初的懒散到开始认真地对待工作。另外，杨师傅在传授技术的过程中是很严格的。每天从拿起工具的那一刻起，杨师傅的"传授课"就算开始了。每个细节他都会仔细琢磨，包括工具的摆放、零部件的拆装……事无巨细，一遍一遍地纠正我不正确的地方，在短短的几天时间里便树立起了威严。当时养成的习惯使我受用至今。

小明的话一语道破了所谓的"严师出高徒"。很多时候，徒弟的学习与榜样的作用有很大关系，同时一个认真严谨的师傅所树立的形象足以使徒弟受到感染。这种共同承担的师徒关系，让徒弟敢于面对出现的问题，并且乐于向师傅请教。

随着话题的深入，我们聊到了小明现在的工作内容，其中我们很感兴趣的是他负责学生来企业实习的指导工作。我们就这个问题进行了进一步的交谈。

我："可以简单说说现在来企业实习的学生和你当初做学徒时有什么不同的地方吗？"

小明：我现在主要负责这方面的工作，所以一些情况还是比较了解的。说实话，差别还是蛮大的。学生刚来企业的时候，我们都需要先进行培训，主要还是理论知识方面的。可以看出学生们的掌握情况是很好的。但是，当真正地走到岗位上以后，问题就出现了。在实习过程中，当要求学生回答汽车发动机零部件的名称，或是哪个部位应当安装什么零件时，学生几乎都回答不上来。当时我就很纳闷，这些东西学生在书本上明明都看到过，培训之初掌握的情况也很好，可是为什么学生对汽车的实际构造仍然十分陌生呢？

通过小明的讲述我们可以知道，尽管学生花了大量的时间和精力来学习汽车构造与维修方面的理论知识，但在拆装实习过程中，居然连最基本的零件名称和用途都不清楚，这不得不引起我们深层次的思考。

我："那后来做了哪些调整呢？"

小明：在接下来的实习过程中，学校和企业都做了调整安排。企业把学生3~5人分成一个小组，每组都有一位经验丰富的工人负责，就相当于我当时的"师傅"。对一些不太懂的地方，我们也会组织学生去查资料，阅读专业理论书籍，就是为了搞清楚"为什么要这样做"。正是在这种理论与实践的反复交替中，在差不多半年多的实习结束时，学生便掌握了在学校要花一年时间学习的汽车维修专业的知识。

小明所描述的情况很直接地反映了学生从"要他学"到"他要学"的转变。这种转变让我们看到了"现代学徒制"在学生实习过程中的具体作用，同时在很大程度上也反映了目前的职业教育课程框架制约了学生的学习兴趣，不能让他们"有意义地"掌握这些知识[①]。

（三）研究结果

通过上面的访谈资料我们可以看到，在传统学徒制下成长起来的小明，在实际的工作过程中接受的是以师傅的言传身教为主要形式的职业技能教学模式。师傅"手把手"地教，徒弟在师傅的指导和影响下学习知识和技能，经过一定年限的学习以后，徒弟可以出师成为正式的技工。

1. 对传统学徒制的反思

传统学徒制作为一种特有的职业教育形式，属于全程教育模式。师傅在培训徒弟的过程中，通过具体实例说明行业规范，负有全面教育责任，包括传授职业知识和技能以及思想品德等。通过小明的经历，我们可以看到，传统学徒制一方面有效地弥补了现代学校教育制度的不足，这主要体现在技能培养方面。学生在学校学习的基本上都是理论知识，这与真正的技能操作还是有很大的差距的，而且这些差距在学生走上工作岗位的时候会暴露无遗。在传统学徒制下成长的学生通过师傅的传授，很快就可以掌握相应的技能，同时也会对行业的规范有较为详细的了解，进而也就会变得更加的"专业"。另一方面，一些学生在结束了学校生活（以初、高中为主）以后，逐步地走上了社会，如何促进这类人群的合理就业就成了整个社会必须面对的一个问题，如果处理不好的话，很容易使这类人群变成社会的不稳定因素。传统学徒制在某种程度上就很好地

① 徐国庆. 实践导向职业教育课程研究[M]. 上海：上海教育出版社，2005.

解决了这一问题。它可以有效地将这类人群组织起来，传授给他们自力更生的本领，最终使他们能够通过自己的劳动立足于社会中，同时也为社会的发展贡献出自己的力量。第三个方面，传统学徒制有利于培养师徒间亲密的感情。无论在西方还是在中国，学徒制早期都是父子传授，然后过渡到师傅收养子做徒弟，这其中自然保留着父子般的亲密感情。而这些情感对学徒的个人成长（包括技能、职业道德等），都具有积极的推进作用。

然而，我们还应该注意的是，随着社会经济的发展，知识体系越来越丰富，企业对员工知识与技能的要求也越来越高，这就要求员工需要经过专门、系统的培养才能够达到企业的需求标准。从这个角度来讲，传统的学徒制很难承担、完成此类任务。另外，在知识经济时代，技术的发展是迅速的，传统学徒制接收信息的滞后性决定了它不能及时地将行业最前沿、最新的技术信息传递给学徒，在某种程度上造成了学徒成长的缓慢性和滞后性，不利于学徒的个人发展。

2. 构建现代学徒制的思考

基于以上的分析，建立学校教育制度与传统学徒制相结合的现代学徒制就显得尤为重要。

第一，在学习内容方面，现代学徒制不仅可以有效弥补学徒对于理论知识系统学习的不足，还可以及时接收行业最前沿的技术信息。同时，现代学徒制中，学徒是以学习隐性知识为主，显性知识为辅。由于学习内容镶嵌在具有真实世界特征（包括科学的、技术的、时间的和动机的特征）的学习环境之中，技能的完善与社会的激励就被整合在一起，这都有助于规范地培养学生的知识技能和职业道德、激发学生学习的动机并由此奠定学习的扎实基础。

第二，在学习方式方面，现代学徒制下的企业已作为学徒培训体系的一个维度参与到了技术培训中。一方面，企业为训练提供技术熟练的师傅，指导和监督学徒的技术训练。另一方面，企业要投入大量资金以提供足够先进的生产设备和实际训练所需的原材料，以供学徒实践学习所用。这样一来，学徒的学习是在企业中的实训和课堂上的学习的有机结合。

第三，在学习评价方面，现代学徒制通常以职业资格证书的考核作为对培训成果的检验，它要求经过一段时间培训后必须通过相应的资格考试。职业资格证书包括国家层面的证书和企业层面的证书。由此，证书就成了评价学生学业和培训结果的标准，保证了培训的完整性和实效性。

二、一个"现代学徒制"下成长的学徒故事

（一）研究过程

1. 研究对象的选取

2014 年 8 月，教育部印发《关于开展现代学徒制试点工作的意见》，制订了工作方案。2015 年 8 月 5 日，教育部遴选 165 家单位作为首批现代学徒制试点单位和行业试点牵头单位。从时间上看，国家层面实施现代学徒制试点已经三年了，第一批现代学徒制试点单位毕业生已产生。在这个关键时刻，现代学徒制也受到了更多的关注。在国家级、省级乃至于校级现代学徒制项目大力推行的前提下，研究对象的选择不太困难，在项目试点单位基本能找到比较典型的在现代学徒制试点项目下成长起来的现代学徒。

基于我们研究的便利性和项目级别的考虑，我们广泛跟笔者所在城市的国家级现代学徒制试点单位项目负责人沟通交流，最终选取了在现代学徒制试点项目"蝶变"的成长故事，主人翁是"小勇"。

2. 资料收集的方法

本研究采用了访谈、现场观察等途径对资料进行了收集。

3. 关于研究伦理的思考

出于对研究对象和相关人员利益的保护，我们在本研究正式进行之前对研究对象做了保密的承诺，本研究中的称呼一律采用化名，并对收集的资料妥善保管。研究者本人用"我"表示，被研究者为"小勇"。另外，在写作过程中，与研究对象进行了沟通，在不影响研究结果的条件下，对研究对象不愿意公开的内容，在尊重的前提下予以回避。对研究结果有重大影响的部分，一律在与研究对象协商之后转换成其他方式表述。

4. 资料的分析与整理

基于前期的理论研究与调查统计分析,本研究从 2018 年 5 月到 2018 年 7 月深入到研究对象的实际工作中,通过观察、阅读相关材料和访谈等方式,记录并选取发生在研究对象身上的事件,并收集材料进行筛选和整理,修正研究思路,寻找补充材料。离开"小勇"之后我们通过电子邮件、电话等方式保持着联系。

（二）研究内容

1. 小勇其人

1997 年生,四川南充市西充县人。全国现代学徒制首批试点项目的试点班学徒之一,项目组老师向我推荐了他。在见面之前,小伙子就主动与我联系多次。他给我的第一印象是:有礼貌、亲和力强、很忙碌。小勇的时间观念、责任心较强,一周时间排得满满的,只有周二下午有一个小时左右的时间。我们约好在校园咖啡厅见面,他很准时,穿着一件黑色的休闲毛衣、蓝色牛仔裤、运动鞋,戴着一副眼镜。高高帅帅,白净、阳光、善于言谈。他家境一般,初中的时候父母在山东打工,没有父母的约束,他初中时的成绩并不好。父母索性将他转入山东读书,这让他成绩飞跃。之后,他又回到四川读高中,成绩下滑。主要是此时的他对读书的兴趣下降,动力不足,思想动摇,认为人的发展不一定通过读书。高中的时候他担任过副班长,在人际交往能力方面得到了一定的锻炼。他高考成绩为 456 分,超当年本科线 3 分,但这个成绩自己和家长都不太满意,本想复读,但最终还是放弃了。目前父母已回四川,家里有个弟弟,生活费主要还是来源于父母,每月 1300 左右。

2. 小勇其事

我:你为什么选择 A 校和软件技术专业呢?

小勇:其实我的第一志愿不是 A 校,之前也没有了解,比较随意。但所有志愿的专业基本上都是填的软件技术专业。高中的时候我有一段时间迷恋打游戏,从字面上理解软件专业就是与计算机有关,我对其他专业也不了解,感觉对软件专业还有一些直观印象,就填了。

我：你是怎么知道 A 校现代学徒制试点班的？

在大一军训期间，现代学徒制合作企业景格公司召开了招生宣讲会，我们从中了解了现代学徒制的基本情况。但是很多同学担忧的一件事就是以后工作会受到限制。宣讲后，现代学徒制试点班通过面试环节录取学徒。

我：谈谈整个班级和课程的情况。

小勇：我们这个现代学徒制试点班总共录取了 27 名学生，其中 20 名男生，7 名女生。其中 1 人因家庭原因退学，目前有 26 人。在课程上，大一与其他平行班级的课程是一样的，这属于现代学徒制试点班的观察期。在观察期我对自己的整体表现比较满意。我担任团支书，做的事情还是比较复杂的。从大二开始，试点班与平行班分开单独按课表上课，企业老师也担任课程老师。在师带徒方面，大一寒假期间，景格公司提供培训机会，实行员工带徒弟的教学模式。当然，企业是要通过选拔来给予培训机会的，通常是通过做一个项目作业来选拔。第一轮通过面试和项目作业选拔的有 10 个同学，其中三维方向 5 个。在周一下午或周二，企业员工会作为导师对这部分同学进行培训，持续整个大一下学期，过程中有淘汰。通过这次大的选拔的学生，通过双向选择实行一对一的师带徒模式，从当师傅的助手开始；每周会被安排去公司的坐班时间。除了上课，我们基本上都在公司。之前有 6 个同学，目前大二下期，只剩下 2 个，我是其中一个。这个过程很辛苦，但是很有成就感，到目前为止，自己感到最为自豪的就是通过了公司的这个考核，虽然充满了熬夜和不眠不休，但是很有收获，这是对自己最大的肯定。

其他的试点班同学按照试点班课程安排进行学习，毕业后参加公司的双选会确定是否留在公司工作。

我：谈谈你作为学徒，公司对你的要求。

小勇：作为公司的学徒，公司对我们的纪律要求、工作要求跟正式员工是一样的。比如，参与公司正常的内务安排，坐班打卡。尽管没有相应的待遇，但我们觉得能学到东西，也很理解。公司的学徒有明确的工作岗位，以三维组为例，包括一个项目经理和5~6名成员，其中包含一名储备实习生，即学徒。公司通常会在学徒的能力范围内安排工作。有一件让我印象最深的事情，从中可以看出公司对我们的要求和培养。每年公司会举办年会，会期一天。活动需要精心的策划，要求也高。去年年底，公司把这个重要活动全权交给我们几个学徒。那段时间，我们跟公司各个部门深入接触，整个年会的氛围很好，活动也很成功。我们几个学徒再一次受到激励和鼓舞，特别感受到了自己完全融入了这个集体，有强烈的归属感。

我：谈谈你的师傅。

小勇：我的师傅是三维组的员工，也是Ａ校毕业的学生。他很愿意分享他的经验，不仅是技术上，还在生活、交际、职业生涯等多个方面多毫无保留地与我分享。应该说我们真的是形成了亦师亦友的关系。组内同事之间的交流氛围也很好，组内的聚会，都会将学徒看作内部成员。

我：那试点班其他同学的安排呢？

小勇：大二结束以后，26个同学都会到公司来顶岗，有相应的工位和师傅。我们之前通过选拔的只是提前了这个过程而已。

我：看起来你非常忙，每周的时间也是排得非常紧凑，又要上课，又要在公司坐班、做项目，那你是否适应现在这种充实的生活？

小勇：我个人而言，觉得这样的充实很有价值，能在有限的时间内学到更多的东西。我个人的追求是能够参加互联网+大赛，并取得好的成绩。可能您还不知道，除了之前的事情之外，去年10月，我还与另外两个同学一起成立了一个工作室，业务涉及摄影、摄像及后期处理。一来我自己本身对此感兴趣，二来我想在校期间能做一些有意义的事情，希望这个工作室能通过带大一新生，在学校能一届一届一直传承下去，目前正在探索向外推广的计划。在这个过程中，我的师傅也给予我很大的支持。

我：毕业以后，愿意留在景格公司吗？

小勇：能力如果能够达到要求的话，我愿意留下。我对公司的文化、公司的氛围、公司的发展都很有信心。

我：你对现代学徒制这种培养方式有什么感受？

小勇：我自己包括试点班的其他同学，都感到受益颇多。但是感觉在整个专业中，试点班的规模比较小，如果不理解的话，会认为是专门给这些同学开小灶，容易引起偏见。希望能扩大规模，让更多学生受益。另外的话，整个培养模式只是与景格公司的合作，具有独特性，实行起来也有特殊的要求，可能推广的话还有些局限。

（三）研究结果

研究以"小勇"为个案，探索现代学徒制试点班学生的成长与发展状况。在家庭背景方面，调查显示，现代学徒制试点班级学生大都来自农村家庭，"小勇"具有较大的代表性。小勇在现代学徒制试点班的成长经历，显现出以下特征。

1. 非智力因素在成长过程中发挥巨大作用

非智力因素指人在智慧活动中，不直接参与认知过程的心理因素，包括需要、兴趣、动机、情感、意志、性格等方面。从高考成绩看，小勇的分数并不理想。但是，基于个人的成长经历，小勇对专业具有很强烈的兴趣，加之性格和意志的驱使，使其不断地向专业技术高级水平发展。由此，他能高效地安排时间，克服学业与工作的双重压力，并协调生活（包括人际关系）之中的矛盾，在有限的时间与精力下，最大限度地获取更多的收获。

2. 师傅在其成长发展过程中扮演多重角色

小勇的师傅也是他的师兄，师傅的成长经历对他而言是一个典型的榜样。师徒年龄相差不大，有诸多共同语言，在现代学徒制模式下，小勇与师傅构建了亦师亦友的难得的师徒情谊，真正实现了零距离言传身教。师傅除了在技术技能上对徒弟产生重要影响外，在人际关系、心理成长、意志磨砺等诸多方面都起到了积极的引导作用，并且为小勇日后的发展奠定了重要的基础、积累了宝贵的财富。因此，现代学徒制模式下的师徒关系，应当说继承了传统学徒制下"一日为师终身为父"的理念，充分发挥了师徒情在学徒培养中的重要作用。

3. 校企紧密合作为成长发展提供难得机遇

现代学徒制的重要基础和平台是校企合作。在现代学徒制模式下，学校与企业之间的紧密合作为学生的技能培养和就业奠定了基础。在传统的人才培养模式下，通常而言学生只有在毕业前的顶岗实习阶段才能较为深度地接触企业，理论与实践不能有效地结合。在现代学徒制模式下，学生具有双重身份，学校和企业双方均具有培养学徒的责任和义务，因此，学生能通过师傅的手把手指导和真实工作环境、真实工作任务的接触，将理论与实践有效结合起来，起到事半功倍的效益。从小勇身上可以发现，尽管他是一个大二的学生，但是其技能水平、综合能力已经发展得较为成熟，为其日后的长足发展提供了难得的机遇。

第五章　现场：多维的现代学徒制教学现场

一、教学现场掠影

（一）非现代学徒制试点班的教学现场

考察主题：非现代学徒制试点班的教学状况

考察情况：

上午 9 时，笔者来到某高职院校教学区考察非现代学徒制试点班的教学情况。为保证考察的客观性和真实性，并未提前通知系部的负责人、相关老师和学生。我们随机考察教学情况，当走过一间教室时，发现该教室没有老师，室内学生大约 20 多人，学生们在自由活动：有的在玩手机，有的在聊天，有的在睡觉，有的在看小说……于是，我们走进教室，问问学生情况。

学生们告诉我们：他们在上实训课，老师安排一半的学生在一楼参加实训，另一半的学生在教室自习，时间到后进行轮换。由于任课老师在楼下指导实训，所以教室里处于无人管状态。当问到这样学习的效果如何时，大部分学生反映，效率不高，动手机会少，特别是在教室等待的时候，感觉无事可做，相当无聊。等待时间也较长，通常有 1.5 ~ 2 个小时。

我们随即到一楼考察该班级的实训情况。在实训现场，一位老师正在一台汽车前指导学生实训，车身周围围满了大约 12 个学生，不远处还有 2 ~ 3 名学生在逗留。老师在讲解和指导学生时，看得出很认真；但是从学生的神态可以看出，全神贯注的仅 3 个，其余学生就东张西望或无所事事。我们择机对教师就教学组织情况进行了询问，教师说道："班级人数太多，而实训设备偏少，每次课程只能采取分成'自习'和'实训'两个大组进行轮换的方式进行。有时，在一个大组内，还要分成两个批次进行实操。确实这样的教学效果有限，但是在有限的教学资源下，也只能如此了。"

可以看出，在非试点项目班，班级规模大，教学资源少，学习效果不佳，学生怨气较大，以致师生感情淡漠、生生关系淡漠，学习氛围消极，在很大程度上影响了教学质量。

（二）现代学徒制试点班的教学现场

考察主题：现代学徒制试点班的教学状况
考察情况：

1. A 学徒班

走进 A 班，我们能够切实感受到浓厚的 A 企业文化。在实训车间，A 企业员工身着统一的 A 项目服装正在培训，"身临企业"的感觉油然而生。穿过实训场地，来到 A 项目"教室"，与其称之为"教室"，不如称之为"学习研讨室"，整个房间面积不大，但布局紧凑、整洁而温馨。教室布局为"马蹄形"，这种组织形式，最利于师生之间、生生之间的交流；整个班级学生 20 个左右，每个学生的桌面前，都有写有自己名字的个性化座牌（因为是刚接触的新班级，为了尽快加深师生、生生之间的印象）；教师在上课过程中，不断地与学生交流互动，整个课堂并非教师的"一言堂"。在一个小小的空间内，学生与教师近距离接触，最大限度地实现交流互动。刚进去 5 分钟左右，下课铃响了，同学与老师之间相互示意一下，有的同学离席，有的同学开始与老师交流。感觉学生与教师之间的关系较为密切，师生平等对话与交流，教师"平等中的首席"角色体现得尤为明显。

2. B 学徒班

接着，我们又走进了 B 班。B 学徒项目班的学习训练区主要分为三个部分：一个是学生的学习室；一个是有实训设备的实训区；一个是项目组教师的办公室。三个部分相互贯通又相互独立。我们进去的时候，正好有三个同学在一台车上实训。其中一个同学正在给另一个同学讲解。几分钟后，我上前询问，为何没有指导老师，同学们说，老师刚刚给他们指导了，现在安排他们自主训练，并相互指导。这时，一个同学从旁边的自学室走过来，加入了训练团队。经询问，该同学是在训练过程中，发现了疑难问题，然后到自学室查阅资料，寻找解决方案。随即，我走到旁边的自学室，里面有 2 个同学正在看书。自习室里面有很多技术资料，同学们的教材等学习资料也放在这里。里面的同学告诉我们，他们一有时间，就会到这里来学习和实训。学习室和实训室都是全天对他们开放的，这里有着很开放和自由的学习环境，他们平时也愿意来。而且大部分时间，项目组老师都在，有问题随时可以跟老师请教和交流，教学资源非常丰富。基本上能够达到只要自己主动愿意学，就有充足的实训设备和自由宽松的实训环境供自己使用的，学生们对现有教学资源非常满意。

3. C 学徒班

B 班的旁边即是 C 班。这时，C 班的实训区还没有同学，我们走进了 C 班的教室。教室里总共有 10 个左右的学生，1 名教师。其中，分为两个部分：一部分是 1 名老师站在实训仪器前，正给 5 名学生进行讲解和指导，从老师和学生的神情看出，老师很认真，学生很专注。老师和学生近距离交流，学生随时提出自己的疑问和困惑。另一部分，是 4、5名学生在两台电脑面前查询资料，他们查询的是大众汽车试点的内部技术资料，并相互协商着如何有效解决问题，学习氛围很浓烈。教室的中间偏左，是由几张桌子摆成了马蹄形，每个座位上面有每个学生名字的座牌，这里是学生与老师一起商讨问题的地方。整个教学与实训环境融为一体，学生学习的物质空间和心理空间很自由，整个教学活动又感觉井然有序。

4. D 学徒班

之后，我们又来到 D 班，走进 D 项目教学场所，就感觉进入了 D 企业的 4S 店，从前台接待到维修车间等售后一条龙服务完整有序。维修实训的车辆台组数相当充足，学生统一穿着 D 企业的维修工作服，企业文化氛围浓郁。整个班级分为若干个小组，2～3 个人在一台车上实训，完全满足实训需要。教师依次手把手地进行讲解和指导。学生"做中学"的学习模式得到了充分的体现，呈现出完全有别于平行教育的教学场景。

总体而言，教学现场考察情况表明，现代学徒制试点班已具备现代学徒制的基本条件：一是小班化的教学组织形式，确保了较适宜的师生比，这是继承了传统学徒制的质量优势；二是管理的专门化，较之传统的学徒制，现代学徒制吸收了学校教育和班级授课制的效率优势，因此，组建了专门化的项目团队进行项目班的全程化和全面化管理，提高了人才培养的效率；三是在上述两个条件的基础上，师生之间形成了共同生活、共同学习的亦师亦友的良好关系，有效发挥了教师的榜样作用，并有效激发学生学习的内在动力，促进了良好教学效果的实现。

二、多元视角访谈

（一）教师的视角

问：当前现代学徒制在组织与实施过程中有什么优势？

答：学校与企业之间有较多的沟通，企业的实际需求和学校的人才培养要求能够得到较好的协调；培养的人才"上手快"，到企业后，能够直接上岗，较好地实现了学习与工作的"零距离"；同时，在项目班的教学组织过程中，教学组织相当灵活，学生可以随时打断，学生的疑问能够最快地得到解决，教师也能及时发现学生学习中存在的问题，及时调整教学进度、教学安排以及教学方法等，能够较好地做到因材施教。此外，非试点班在教学中，不太注重对问题的分析，而较多地将精力花在掌握解决问题的技术和方法上；与此不同的是，试点班的教学注重对问题的分析，注重培养学生一种解决问题的思维方式，因此，不仅仅是注重技术的掌握，还注重对问题的分析能力，因此，试点班的教学着眼的是学生的可持续发展。

问：与其他院校的同类专业相比，我们具备哪些优势？

答：与其他院校的同类专业相比，特别是同类专业中的同样的"通用项目班"相比，合作模式都是基本相同的，但是我们仍然具有我们的优势。我们的优势主要体现在于我们与企业合作的深度和企业对我们的投入上，特别是在人均设备上，我们的台组数体现出了较大的优势。同时，在管理上，我们建立了项目管理组全程和全面负责项目班的学生，在实训室、学习室的管理上，给予了学生较大的自主空间，实训室完全向学生开放，而且项目组教师大部分时间都在项目上，随时与学生保持联系，解答学生的疑问；在课程内容上，也直接对应通用的企业课程，将企业上岗后培训的内容融入在校学习内容，有效缩短了学生的职业生涯发展周期。

问：我们学徒项目上广泛采用小组教学法，那么在分组上，我们是如何操作的呢？

答：在分组上，最开始在不了解学生的情况下，我们采用的先是自愿分组或者按座次分组的随机分组方式。随着对学生情况了解的深入，我们会择机改变分组方式，一般按照"组内异质，组间同质"的方式来组合。同时，在对小组成员的考核上，采用小组成员推荐成员参加考试和教师随机选取组内成员参加考试相结合的方式，被抽到的学生的成绩作为小组成绩。由此来推动小组成员之间的相互帮助和相互学习，构建真正意义上的团队型学习小组。

问：当前现代学徒制试点班在组织与实施过程中存在哪些主要问题？

答：现代学徒制试点班是在之前的与企业合作的试点项目班的基础上建立的，具有较为丰富的经验。尽管当前我们的试点班级的优势很显著，但是通过几年的实践，我们仍然发现中间存在一些问题。例如，在学生毕业后，试点班学生的待遇可能不及平行班；我们以前采用的是交替式的教学模式，最后一年，一个月在学校学习，一个月在企业学习。这种方式看似很好地做到了工学结合、工学交替。但是，从实际操作层面上来看，当学生到企业去实习一个月后，难以管理。因为学生在企业体会到了真实工作氛围，企业的工作强度也较大，学习的内容也相当丰富，出去后就不想再回来学习了，而且对学生在企业学习期间布置的任务，我们也难以监督。所以，经过一段时间的实践以后，我们就放弃了这种工学交替的模式，而是采用半年在学校学习，半年在企业实习的方式，来避免类似问题的发生。

（二）学生的视角

问：在试点班学习期间，感觉自己的学习状态如何？

答：学习状态很好，因为在项目班，感觉确实能够学到东西，而且总感觉有很多东西需要学习。

问：总体感觉，你的学习模式主要是自己发自内心的主动学习，还是消极的被动学习？

答：当然是主动为主，我们是经过双向选择才进的这个班，很不容易，所以很珍惜这个学习机会。而且项目上的老师对我们很好，我们也很愿意跟老师待在一起，所以有事没事都在学习室和工作室。

问：哦，这样说来，你们跟老师之间的关系很好了？

答：是啊。我们跟老师之间的关系很好。项目组老师对我们很好，对我们的学习很费心，很认真；而且不仅关心我们的学习，还关心我们的生活。既是我们学习的导师，又是我们生活中的导师，关心我们的现状，也关心我们的发展。我们朝夕相处，感情很深。老师对我们每个人的情况都非常了解，我们就像朋友一样，更确切地说，真的就是像以前的那种很深厚的师徒关系。说实在的，我们都还关心老师们的待遇是不是够好，因为他们对我们实在太好了，我们非常感激他们。所以，我们也想跟老师待在一起。跟老师相处，不仅能学到知识和技能，还能学到行业的相关规则和为人处世的相关内容。可以说，老师对我们的教育是全方位的，我们收获很多，也很感谢老师。

问：看得出，老师与你们建立了深厚的感情，这也成为你们学习的重要动力，对吧？

答：是的，这个很重要。以前在平行班的时候，就没有这样的感觉。我们有时候连老师的名字都记不住，当然，老师就更记不住我们的名字了，也对我们不了解。上了课就走人，互不认识，这种感觉很不爽，也没什么学习动力。学习的状态在进入试点班以后才激发出来。

问：那你们觉得在试点班的学习环境和学习条件如何？

答：不用说，你看就知道。这里的学习条件太好了，基本上可以说，只要你想学，就能满足你的学习需求。每个班就十多个人，实训设备非常充足，而且随时都可以过来，这里就像我们的家一样，很有归属感，有事没事的时候，我们都愿意到这里来。老师也在这里，有疑问可以随时问。说句实话，要是这里有床的话，我们都愿意在这里睡觉，呵呵！

问：那你们同学之间的关系如何？

答：关系当然很好啦。我们一起学习和生活，共同研讨问题，建立了深厚的感情。平时我们都相互帮助，很团结。而且，以后毕业了，我们都在同一试点厂商工作，还是同行，很多专业问题还要相互指导，对我们技能和职业的发展都是很有帮助的。所以，我们很珍惜这种同学间的情感。

可以看出，试点班的学生对现有的学习非常满意，而且有很高的学习热情，这种非智力因素对于人的持续发展是相当重要的，它将成为推动学生学习的内在动力，让学生主动学习，激发学习的内因。这对于学生学习质量和学习效率的提高有巨大的促进作用。

第三部分
丈量现代学徒制的生长沃土

第六章　现代学徒制的实证研究

一、关于师生关系的调查

本次调查对汽车运用技术专业现代学徒制试点班和平行班分别发放目前较为成熟的"师生关系量表"，其中平行班发放问卷 50 份，回收有效问卷 49 分；试点班发放问卷 30 份，回收有效问卷 30 份。

平行班"师生关系"调查分析表见表 6-1。

表 6-1　平行班"师生关系"调查分析表

题　项	是	否	比例
1. 你经常不能明白老师的讲解	22	27	45%
2. 某位老师对你感到讨厌或你讨厌某位老师	13	36	27%
3. 老师常以纪律压制你	16	33	33%
4. 老师上课不能吸引你	23	26	47%
5. 老师不了解你的忧虑与不安	23	26	47%
6. 你的意见常被老师不加考虑地反对	16	33	33%
7. 老师把考试成绩的高低作为衡量学生的优劣与奖惩学生的尺度	23	26	47%
8. 你找不到一位能倾诉内心隐秘的老师	22	27	45%
9. 老师常讽刺或嘲笑你	15	34	31%
10. 老师常给你增加学习负担	15	34	31%
11. 某位老师对你有点冷漠	15	34	31%
12. 你的思想常被老师支配	15	34	31%
13. 你的学习上的创造性见解常得不到老师的肯定	12	37	24%
14. 老师常让你感到紧张与不安	14	35	29%
15. 老师常误解你的行为而批评你	13	36	27%

续表

题　项	是	否	比例
16. 老师无法帮助你改进学习方法	21	28	43%
17. 老师很少与你倾心相谈	26	23	53%
18. 你常屈服于老师的命令与权威	20	29	41%

从表 6-1 的 18 个问题的回答可以看出，对于"平行班"的调查情况而言，师生关系紧张较为集中的前几种情况分别是：老师很少与你倾心相谈；老师上课不能吸引你；老师不了解你的忧虑与不安；老师把考试成绩的高低作为衡量学生的优劣与奖惩学生的尺度；你找不到一位能倾诉内心隐秘的老师；你经常不能明白老师的讲解，如图 6-1 所示：

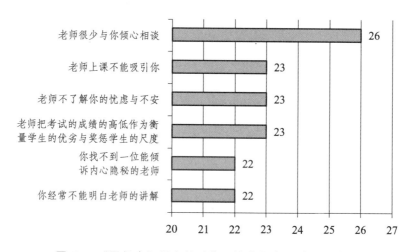

图 6-1　"平行班"师生关系状况较为紧张的前几种情况

从表 6-1 的 18 个问题的回答可以看出，对于"平行班"的调查情况而言，师生关系和谐主要表现为对以下几个方面的否定：你的学习上的创造性见解常得不到老师的肯定；老师常误解你的行为而批评你；某位老师对你感到讨厌或你讨厌某位老师，如图 6-2 所示：

将平行班 49 份问卷对 18 个问题的回答分别输入量表统计软件，结果如表 6-2。

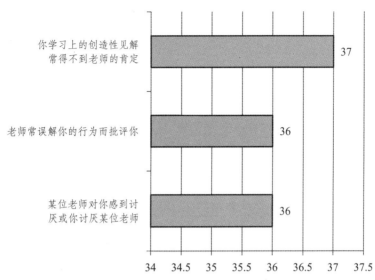

图 6-2 "平行班"师生关系调查表回答为"否"的前 3 位问题统计

表 6-2 平行班"师生关系"调查结果统计

师生关系状况	人数	比例
困扰度较轻微或很轻微	16	33%
困扰度中等	31	63%
困扰度严重或较严重	2	4%

试点班"师生关系"调查分析见表 6-3。

表 6-3 试点班"师生关系"调查分析表

题 项	是	否	比例
1. 你经常不能明白老师的讲解	4	26	13%
2. 某位老师对你感到讨厌或你讨厌某位老师	2	28	7%
3. 老师常以纪律压制你	9	21	30%
4. 老师上课不能吸引你	5	25	17%
5. 老师不了解你的忧虑与不安	13	17	43%
6. 你的意见常被老师不加考虑地反对	2	28	7%
7. 老师把考试成绩的高低作为衡量学生的优劣与奖惩学生的尺度	6	24	20%
8. 你找不到一位能倾诉内心隐秘的老师	16	14	53%

续表

题 项	是	否	比例
9. 老师常讽刺或嘲笑你	2	28	7%
10. 老师常给你增加学习负担	4	26	13%
11. 某位老师对你有点冷漠	2	28	7%
12. 你的思想常被老师支配	4	26	13%
13. 你的学习上的创造性见解常得不到老师的肯定	2	28	7%
14. 老师常让你感到紧张与不安	4	26	13%
15. 老师常误解你的行为而批评你	1	29	3%
16. 老师无法帮助你改进学习方法	6	24	20%
17. 老师很少与你倾心相谈	14	16	47%
18. 你常屈服于老师的命令与权威	9	21	30%

　　从表 6-3 的 18 个问题的回答可以看出，对于"试点班"的调查情况而言，师生关系紧张较为集中的前几种情况分别是：你找不到一位能倾诉内心隐秘的老师；老师很少与你倾心相谈；老师不了解你的忧虑与不安；老师常以纪律压制你；你常屈服与老师的命令与权威。数据情况如图 6-3 所示：

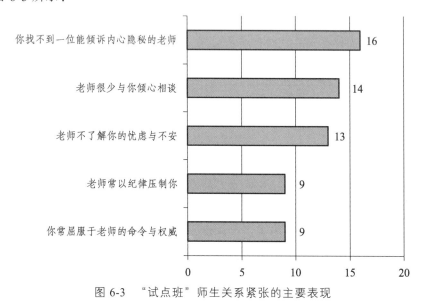

图 6-3 "试点班"师生关系紧张的主要表现

从表 6-3 的 18 个问题的回答可以看出，对于"试点班"的调查情况而言，师生关系和谐主要表现为对以下几个方面的否定：老师常误解你的行为而批评你；你的学习上的创造性见解常得不到老师的肯定；某位老师对你有点冷漠；某位老师对你感到讨厌或你讨厌某位老师；你的意见常被老师不加考虑地反对；老师常讽刺或嘲笑你；你的学习上的创造性见解常得不到老师的肯定，如图 6-4 所示。

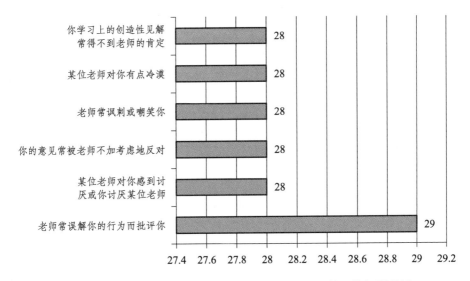

图 6-4　"试点班"师生关系调查回答为"否"的前 3 位问题统计

将试点班 30 份问卷对 18 个问题的回答分别输入量表统计软件，结果如下：

表 6-4　试点班"师生关系"调查结果统计

师生关系状况	人数	比例
困扰度较轻微或很轻微	22	73%
困扰度中等	8	27%
困扰度严重或较严重	0	0

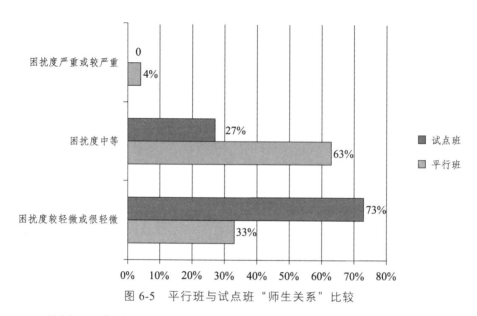

图 6-5　平行班与试点班"师生关系"比较

从图 6-5 来看，平行班与试点班在师生关系状况上存在较大的差异，平行班困扰度中等的占 63%，比试点班多 36 个百分点；试点班大部分学生仅有轻微或很轻微的困扰度；同时，4% 的平行班学生有严重或较严重的困扰度。师生关系的确是我们传统学校教育制度存在的严重问题之一。

二、关于学习动力的测查

大学生学习动力的自我诊断量表，一共有 20 个问题。20 道题目可分成 4 组，它们分别测查你在四个方面的困扰程度：1～5 题测查你的学习动机是不是太弱；6～10 题测查你的学习动机是不是太强；11～15 题测查你在学习兴趣上是否存在困扰；16～20 题测查你在学习目标上是否存在困扰。

假如答题者对某组（每组 5 题）中大多数题目持认同的态度，则一般说明其在相应的学习欲望上存在一些不够正确的认识，或存在一定程度的困扰。在计分方法上，选"是"记 1 分，选"否"记 0 分，将各题得分相加，算出总分。

总分在 0～5 分，说明学习动机上有少许问题，必要时可调整。

总分在 6～10 分，说明学习动机上有一定的问题和困扰，可调整。

总分在 11 ~ 13 分,说明学习动机上有比较严重的问题和困扰,应调整。

总分在 14 ~ 20 分,说明学习动机上有严重的问题和困扰,需调整。

本次调查对汽车运用技术专业平行班和试点班分别发放目前较为成熟的"学习动力量表",其中平行班发放问卷 50 份,回收有效问卷 47 份;试点班发放问卷 30 份,回收有效问卷 30 份。

表 6-5 平行班"学习动力"调查分析表

题 项	是	否	测查内容	比例
1. 如果别人不督促你,你极少主动地学习	29	18	学习动机是否太弱	62%
2. 你一读书就觉得疲劳与厌烦,直想睡觉	19	28		40%
3. 当你读书时,需要很长的时间才能提起精神	27	20		57%
4. 除了老师指定的作业外,你不想再多看书	23	24		49%
5. 在学习中遇到不懂的知识,你根本不想设法弄懂它	12	35		26%
6. 你常想:自己不用花太多的时间,成绩也会超过别人	8	39	学习动机是否太强	17%
7. 你迫切希望自己在短时间内就能大幅度提高自己的学习成绩	31	16		66%
8. 你常为短时间内成绩没能提高而烦恼不已	26	21		55%
9. 为了及时完成某项作业,你宁愿废寝忘食、通宵达旦	11	36		23%
10. 为了把功课学好,你放弃了许多你感兴趣的活动,如体育锻炼、看电影与郊游等	10	37		21%
11. 你觉得读书没意思,想去找个工作做	24	23	学习兴趣是否存在困扰	51%
12. 你常认为课本上的基础知识没啥好学的,只有看高深的理论带劲	11	36		23%
13. 你平时只在喜欢的课程上狠下功夫,对不喜欢的课程则放任自流	25	23		53%
14. 你花在课外活动上的时间比花在学习上的时间要多得多	28	19		60%
15. 你把自己的时间平均分配在各门课程上	12	35		26%

续表

题　项	是	否	测查内容	比例
16. 你给自己定下的学习目标，多数因做不到而不得不放弃	24	23		51%
17. 你几乎毫不费力就实现了你的学习目标	5	42		11%
18. 你总是同时为实现好几个学习目标而忙得焦头烂额	22	25	学习目标是否存在困扰	47%
19. 为了应付每天的学习任务，你已经感到力不从心	13	34		28%
20. 为了实现一个大目标，你不再给自己制订循序渐进的小目标	14	33		30%

表 6-6　平行班"学习动力"调查结果统计

分值范围	人数	比例	分值说明
0～5分	15	32%	说明学习动机上有少许问题，必要时可调整
6～10分	21	45%	说明学习动机上有一定的问题和困扰，可调整
11～13分	8	17%	说明学习动机上有比较严重的问题和困扰，应调整
14～20分	3	6%	说明学习动机上有严重的问题和困扰，需调整

表 6-7　试点班"学习动力"调查分析表

题　项	是	否	测查内容	比例
1. 如果别人不督促你，你极少主动地学习	18	12		60%
2. 你一读书就觉得疲劳与厌烦，直想睡觉	13	17		43%
3. 当你读书时，需要很长的时间才能提起精神	12	18	学习动机是否太弱	40%
4. 除了老师指定的作业外，你不想再多看书	13	17		43%
5. 在学习中遇到不懂的知识，你根本不想设法弄懂它	6	24		20%
6. 你常想：自己不用花太多的时间，成绩也会超过别人	8	22		27%
7. 你迫切希望自己在短时间内就能大幅度提高自己的学习成绩	21	9	学习动机是否太强	70%

续表

题　项	是	否	测查内容	比例
8. 你常为短时间内成绩没能提高而烦恼不已	16	14		53%
9. 为了及时完成某项作业，你宁愿废寝忘食、通宵达旦	7	23		23%
10. 为了把功课学好，你放弃了许多你感兴趣的活动，如体育锻炼、看电影与郊游等	6	24		20%
11. 你觉得读书没意思，想去找个工作做	8	22		27%
12. 你常认为课本上的基础知识没啥好学的，只有看高深的理论带劲	4	26	学习兴趣是否存在困扰	20%
13. 你平时只在喜欢的课程上狠下功夫，对不喜欢的课程则放任自流	15	15		50%
14. 你花在课外活动上的时间比花在学习上的时间要多得多	15	15		50%
15. 你把自己的时间平均分配在各门课程上	7	23		23%
16. 你给自己定下的学习目标，多数因做不到而不得不放弃	17	13		57%
17. 你几乎毫不费力就实现了你的学习目标	3	23		10%
18. 你总是同时为实现好几个学习目标而忙得焦头烂额	12	18	学习目标是否存在困扰	40%
19. 为了应付每天的学习任务，你已经感到力不从心	8	22		27%
20. 为了实现一个大目标，你不再给自己制订循序渐进的小目标	15	15		50%

表 6-8　试点班"学习动力"调查结果统计

分值范围	人数	比例	分值说明
0~5 分	10	33%	说明学习动机上有少许问题，必要时可调整
6~10 分	14	47%	说明学习动机上有一定的问题和困扰，可调整
11~13 分	4	13%	说明学习动机上有比较严重的问题和困扰，应调整
14~20 分	2	7%	说明学习动机上有严重的问题和困扰，需调整

平行班与试点班学习动力的对比分析：

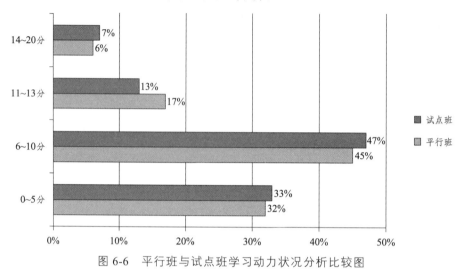

图 6-6 平行班与试点班学习动力状况分析比较图

可以看出，平行班与试点班在学习动力方面没有显著的差异性，这说明当代大学生在学习动力上具有较为普遍的问题，在现代学徒制模式下，这一问题也没有得到显著的改善。因为动力问题是一个多方因素共同作用的结果，要从根本上激发高职汽车运用技术专业学生的学习动力，是一个长期的和多方努力的过程。

三、师生关系与学习动力的相关研究

本研究将试点班与平行班 77 份有效问卷输入 SPSS18.0 统计软件进行师生关系与学习动力的相关性分析，得到如表 6-9、表 6-10 的统计结果。

从表 6-9、表 6-10 中可以看出，师生关系状况与学习动力状况两个变量之间的皮尔逊相关系数为 0.427，双尾检验概率 p 值尾 0.005<0.01，故变量之间显著相关。可以看出，师生关系与学习动力之间有着显著的正相关关系，这一研究结果表明，在实施高职教育的过程中，师生关系是激发学生学习动力的重要因素。因此，在构建现代学徒制人才培养模式中，需要有效吸纳传统学徒制在师生关系方面的优势，通过构建良性的师生关系，来激发高职学生内在的学习动力，以提升学习效率，提升人才培养质量。

表 6-9　师生关系与学习动力状况描述性统计量

描述性统计量			
	均值	标准差	N
师生关系状况	2.05	.218	41
学习动力状况	7.57	3.796	77

表 6-10　师生关系状况与学习动力状况相关性

相关性			
		师生关系状况	学习动力状况
师生关系状况	Pearson 相关性	1	.427[**]
	显著性（双侧）		.005
	N	41	41
学习动力状况	Pearson 相关性	.427[**]	1
	显著性（双侧）	.005	
	N	41	77

**.在.01 水平（双侧）上显著相关。

　　因此，现代学徒制在师生关系的建立上关键是要发挥传统学徒制在师傅与徒弟之间"心理关系"的优势，发挥心理关系在人才培养过程中的积极作用。朱小蔓认为"情感是人类生存发展的承载者和体现者，又是人类生存的适应机制、认识发生的动力机制、行为选择的评价机制和个体生命的享用机制"。心理关系从根本上来讲是一种情感关系，是伴随认知过程产生并影响着认知活动进行的。心理关系主要是通过体现而建立起来的，因此，对于现代学徒制模式下技术技能型人才的培养，其人才培养的过程本身就是一个体验的过程，应当充分发挥其构建心理关系的天然优势，发挥心理关系的重要作用。具体而言，心理关系在教学过程中主要有以下作用：

　　一是激发学生的学习兴趣，提高教学效果。俗话说，亲其师，信其道。心理学研究表明，一个学生如果和某位老师的情感好，那么他就会对该教师任教的学科感兴趣，就会积极主动地与教师交流、合作，从而显著提升教学效果。二是心理关系能够形成轻松愉快的教学氛围，给教学双方提供创造的心理空间。因为，只有在轻松愉快的课堂上，学生和教师的思维才是最活跃的，创造的培养才得以可能。三是心理关系有助于培养学生良好的个性心理品质。空洞的知识说教只能给学生概念化的东西，而不能自然地转化为良好的心理品质。要形成良好的心理品质，只有通过情感体验来完成，而师生心理关系的建立将给予学生丰富的情感体验，从而有助于学生良好个性心理品质的形成。①

四、研究反思与建议

现代学徒制是通过整合学校教育与工作现场教育，传承传统学徒制"注重潜移默化的言传身教和感悟"的优势，落脚点在于人才培养质量的提升。因此，"学生"是现代学徒制实施过程中不可忽视的重要主体，其内在学习动力也是教学质量提升的根本。然而，尽管现代学徒制的新型师徒式师生关系为提升学生的内在学习动力创设了条件，但如何更有效地发挥这种新型师徒式师生关系的优势，并将其转化为学生的内在学习动力，是现代学徒制实践过程中需要进一步研究与探索的重要问题。基于调查研究结果，现行现代学徒制还需进行深度的反思与优化。

（一）重感知：从宏观设计到内在体验

从现代学徒制产生的历史进程来看，它是在传统学徒制经过学校教育制度的洗礼之后，对传统学徒制和学校教育制度优势的整合，其初衷在于汲取传统学徒制的"质量"优势与学校教育制的"效率"优势的精华的结果。因此，在推行现代学徒制的进程中，国家-省市-学院三个层面都勾画了实践现代学徒制的蓝图。然而，就教育的视角而言，学生应当是现代学徒制的最终受益者，学生的真实体验与感受应当成为现代学徒制实践过程中不可忽略的要素。调查显示，在现代学校制度的背景下构建的现代学徒制，无论在班级规模、教学条件和师资力量等方面都应当具有相当的优势，但我们的"学徒"却仅有三成感觉到了现代学徒制带来的优越感与归属感。缺乏"学生"这个主体的主动参与与亲身感知的现

---

① 鲍聪. 共生性师生关系——对师生关系的一种阐述[D]. 金华：浙江师范大学，2004（5）.

代学徒制易流于形式，影响改革目标的实现。由此可见，现代学徒制的推进，"学生"作为教育的主体，不应被动地接受，而应当主动地参与。注重学生的真实内在体验，才能为现代学徒制的实践路径提供可靠的依据。

（二）重实效：从条件创设到质量优势

"质量"是学徒制关注的焦点，也是现代学徒制打破传统学校教育制度的主要切入点，而对于职业教育而言，"质量"的重要体现则是学生的就业竞争力。现代学徒制基于校企之间优质资源共建、共享、共管、共用的"共生型"的合作机制，无论是学校、企业还是学生个人，都投入了较之单一学校教育制度更多的资源，因而从理论上讲，在生均资源匮乏的职业教育现实中，现代学徒制模式下的学生应当具有较强的就业竞争力。然而，调查结果显示，大部分现代学徒制试点班学生并不认为自身的就业竞争力较平行班学生的强。这一调查结果触及了现代学徒制的初衷。因此，现代学徒制不仅仅是解决职业教育人才培养资源和条件的问题，而是如何利用资源优势提升人才培养质量的问题。

（三）重转化：从情感关系到学习动力

在现代学徒制模式下，班级规模缩小到 15~20 人的小班，瞬间拉近了师生之间的时空距离。现代学徒制在师生关系的建立上关键是要发挥传统学徒制在师傅与徒弟之间"心理关系"的优势，发挥心理关系在人才培养过程中的积极作用。朱小蔓认为"情感和人的理性一样，都是人的精神活动的重要部分，它是人类的生命精神和自由精神的体现，是人性的本质反映，是人生创造、人生享用的一种生存方式"。

心理关系从根本上来讲是一种情感关系，是伴随认知过程产生并影响着认知活动进行的。心理关系主要是通过体现而建立起来的，因此，对于现代学徒制模式下技术技能型人才的培养，其人才培养的过程本身就是一个体验的过程，应当充分发挥其构建心理关系的天然优势，将学生学习的外在动力转化为内部的自发的学习动力，解决人才培养质量的核心问题。然而，调查显示，现代学徒制模式下"学徒"的学习动力与传统学校教育制度下学生的学习动力方面仅显示出微小的优势，一方面表明了师生关系在学生学习动力方面发挥了作用；另一方面也表明其作用发挥还有待进一步提升。学习动力应当是学生学习与成长的根本，缺乏学习动力的学习，既是枯燥无味的，同时学习效果也是有限的。当然，学习动力是当前整个职业教育面临的重大难题。因此，要充分利用现代学徒制"师徒型"的师生关系这一影响学生学习动力的重要要素来有效激发"学徒"学习动力，将师徒情转化为学习力。

综上所述，当前职业院校与企业相互依存的关系已经逐步建立，现代学徒制的基本模式与框架已经搭建起来，如何将现代学徒制的应然状态转化为实然状态，需要将"学生"作为教育主体这个要素充分考虑进来，体现"学生"的主体地位，着力点应当在于现代学徒制框架下的诸多教学与管理细节，如师生情感的巩固与加深、教学氛围与教学管理的温馨化、学生就业质量的提升等方面，让学生真正感受到现代学徒制的优越性。

第七章　现代学徒制的调查研究

一、区域的视角

2015 年，四川省教育厅启动现代学徒制试点工作，坚持统筹协调、重点突破、职责共担的原则，大力推进现代学徒制试点工作。2015 年 5 月，四川省教育厅会同四川省经济和信息化委员会印发了《四川省教育厅四川省经济和信息化委员会关于开展现代学徒制试点工作的实施意见》（川教〔2015〕44 号），在四川省范围内开展现代学徒制试点遴选工作，共遴选出 56 所（不含重复试点单位）高职院校作为现代学徒制试点单位。

（一）试点院校情况

根据《四川省教育厅关于公布首批省级现代学徒制试点单位的通知》（川教函〔2015〕567 号）、《四川省教育厅四川省经济和信息化委员会关于公布第三批省级现代学徒制试点单位的通知》（川教函〔2017〕812 号），2015 年，遴选了 28 所高职业院校和合作企业作为首批试点项目开始试点，2016 年遴选了 21 所院校和合作企业进行第二批次现代学徒制项目试点，2017 年遴选 25 所高职院校进行现代学徒制试点。

四川省一、二、三批次现代学徒制试点单位共 56 所（不含重复试点单位），公立院校 40 所，占比 71.43%（保留小数点后两位），民办院校 16 所，占比 28.57%，如表 7-1 所示。其中三个批次立项试点单位中公立院校占据主要地位，达到 70% 以上，民办院校数量较少；从院校类型来看，如图 7-1 所示，56 所现代学徒制试点高职院校中，国家级示范院校 6 所，国家骨干高职院校 4 所，省级示范院校 12 所，其他院校 34 所，立项试点院校中其他院校占所有省级试点高职院校的 60% 以上，国家骨干、示范高职院校占 18%。

表 7-1　四川省一、二、三批次现代学徒制试点院校性质一览表

公立院校（所）	占比	民办院校（所）	占比
40	71.43%	16	28.57%

根据四川省各高职院校提交现代学徒制试点项目申报书和任务书统计，现代学徒制省级试点项目共 67 个，首批试点院校 28 所，第二批次试点院校 21 所，第三批次试点院校 25 所；合作企业 206 家，涉及 72 个专业，培养学徒 5837 名左右（按任务书中最少人数计算）。

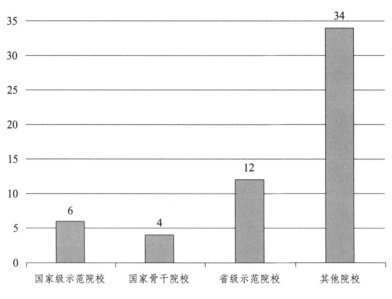

图 7-1　四川省一、二、三批次现代学徒制试点院校分布图

（二）区域分布情况

如图 7-2 所示，56 所试点高职院校分布于四川全省 19 个市及 1 个自治州，所在地为成都的高职院校 29 所，在所有试点院校中占 51.79%，比例达到一半以上。所在地为绵阳的高职院校有 4 所，德阳、泸州的高职院校各 3 所，广元 2 所，其余 15 所高职院校均分布于眉山、广安、南充、内江、都江堰等 15 个地区。

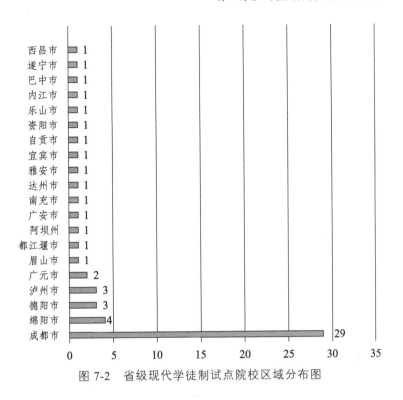

图 7-2　省级现代学徒制试点院校区域分布图

（三）专业分布情况

67 个试点项目，72 个试点专业中涉及装备制造、财经商贸、电子信息等 15 个专业大类，由图 7-3 可知，试点专业数量最多为装备制造大类，共 13 个试点专业，占试点专业总数的 18.31%，其次为电子信息大类，12 个试点专业，占比 16.9%，水利大类、农林牧渔大类最少，各有 1 个试点专业。一、二、三批次试点专业在 15 个专业大类中较均匀地分布在教育与体育大类、能源动力与材料大类、轻工纺织大类等 7 个专业大类中。根据统计，四川省一、二、三批次现代学徒制试点专业中无生物与化工大类、公安与司法大类、新闻传播大类及公共管理与服务大类专业。

第一产业有畜牧业类 1 个专业大类，3 所高职院校作为试点单位，约 110 名学徒；第二产业有装备制造、电子信息、土木建筑等 7 个专业大类 36 个专业试点，58 所学校，约 3615 名学徒；第三产业有财经商贸、旅游、资源环境与安全等 7 个专业大类，35 个专业，49 所学校，约 1742 名学徒。

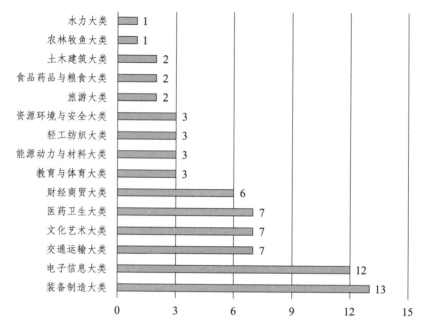

图 7-3　省级一、二、三批次现代学徒制试点专业分类图

（四）合作企业情况

参与试点的 206 家合作企业均属中等规模以上企业，其中第一产业 8 家，第二产业 105 家，第三产业 67 家（有试点院校专业不明确合作企业）。根据试点院校所在地及合作企业所在地距离，分为非常远（跨省）、较远（跨市）、一致（与试点院校所在地相同）三种类型。如表 7-2 及图 7-4 可见，厂校距离统计，试点专业的合作企业非常远的院校有 17 所，合作企业所在地与院校所在地较远的有 18 所，厂校距离一致的有 38 所院校。

表 7-2　省级一、二、三批次现代学徒制合作企业厂校距离一览表

厂校距离	非常远	较远	一致
院校数量	17	18	38

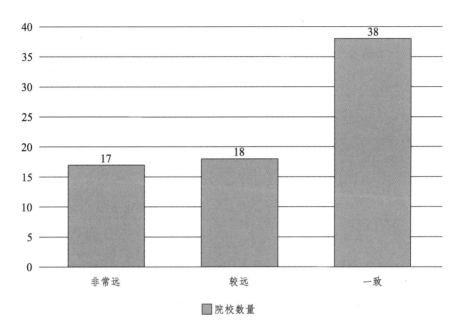

图 7-4 省级一、二、三批次现代学徒制合作企业厂校距离一览图

二、专业的视角

为深入了解四川省现代学徒制试点单位试点专业的基本情况，随机抽取四川省内国家级、省级学徒制试点专业所在的 21 所院校进行问卷调查，涉及试点专业 45 个。其中，国家级试点院校 4 所、7 个学徒制试点专业，占比 15.56%；省级试点院校 19 所、38 个专业，占比 84.44%。

（一）国家级试点专业总体情况

本次调查涉及的 4 所国家级现代学徒制试点院校性质均为公办院校，试点专业共 7 个，专业类别主要以装备制造大类、电子信息大类及资源环境与安全大类为主。本次调查问卷分为 6 个部分，分别从政策支持、招生就业、合作企业、师资队伍、培养情况及法律保障 6 个方面进行调查。

1. 政策支持

调查问卷显示，四川省教育厅等政府部门除去公示及相关年检工作文件之外，于 2015 年出台《四川省教育厅四川省经济和信息化委员会关于开展现代学徒制试点工作的实施意见》(川教〔2015〕44 号) 政策文件，其中内容主要围绕总体目标、工作原则、重点任务、试点成果、工作要求及保障措施 6 项展开；学校层面出台制度根据调查问卷显示，仅有 4 个专业所在院校出台相关制度，分别在招生方式、班级规模、企业参与形式及资金使用等几个方面为现代学徒制专业试点给予了学院层面的政策支持。由表 7-3 可见，出台政策学院的比例为 57.14%，未出台政策比例为 42.86%。

表 7-3　当地政府、院校出台相关政策数量汇总表

试点专业渠道	专业数量（个）	当地政府出台政策数量（个）	出台政策的专业所在院校数量（个）	学院出台政策专业数占比	学院未出台政策专业数占比
国家级试点	7	1	4	57.14%	42.86%

2. 招生就业

由表 7-4 可见，4 所高职院校的机械制造与自动化、汽车运用技术专业、光通信技术、数字媒体应用技术 4 个专业均从 2015 年开始招生，共招收 325 人；2016 年，5 个试点专业招收 413 人，比 2015 年增加 88 人；2017 年，5 个专业共招生 276 人。由图 7-5 可见，国家级现代学徒制试点专业 2017 年招生人数最少，2015 年至 2016 年招生人数存在增长趋势，2016 年招生人数最多达到 413 人。

表 7-4　国家级试点专业招生人数对比表

学院编号	学徒制专业试点名称	2015 年招生人数（人）	2016 年招生人数（人）	2017 年招生人数（人）	留在企业人数（人）
A	机械制造与自动化	123	209	—	2
B	电梯工程技术	—	—	40	未毕业
	环境工程技术	—	—	40	未毕业
C	汽车运用技术专业	105	72	72	105
	软件技术	—	26	—	未毕业
D	光通信技术	49	57	72	49
	数字媒体应用技术	48	49	52	48
总计		325	413	276	202

3 年培养时间，留在合作企业人数共计 202 人^①，根据调查问卷数据，A 学院留在企业人数 2 人，占招生人数的 0.02%^②；B、D 学院留在企业人数与招生人数一致，留企率达到 100%，总体看来招生就业情况良好。

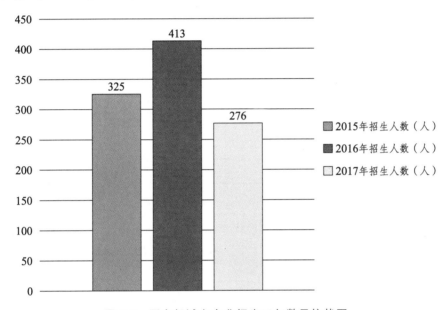

图 7-5　国家级试点专业招生三年数量柱状图

3. 合作企业

分别对与国家级现代学徒制试点专业合作企业的性质、企业规模及厂校距离进行了调查分析。根据表 7-5 显示，7 个国家级学徒制试点专业，主要合作企业性质为国有的有 3 个，占比为 42.86%；主要合作企业为民营企业的专业数量为 4 个，占比为 57.14%。

表 7-5　国家级现代学徒制试点专业主要合作企业性质汇总表

主要合作企业为国有企业的专业个数（个）	主要合作企业为民营企业的专业个数（个）	主要合作企业为国有企业的占比	主要合作企业为民营企业的占比
3	4	42.86%	57.14%

---

① 2016 年、2017 年学生目前未毕业，数据仅为 2015 年留企人数。
② 数值均为省略小数点后两位。

（1）企业性质与企业规模。

根据表 7-6 来看，主要合作企业为国有大型企业的为 A 学院的机械制造与自动化专业 1 个专业，占比为 14.29%；合作企业为国有中型企业为光通信技术、数字媒体应用技术 2 个专业，占比 28.57%；合作企业为民营大型企业的试点专业有电梯工程技术、软件技术 2 个专业，占比为 28.57%；合作企业为民营中型企业的试点专业有环境工程技术、汽车运用技术 2 个专业，占比为 28.57%。

表 7-6　国家级现代学徒制试点专业主要合作企业性质与规模汇总表

国有大型企业 专业个数（个）	国有中型企业 专业个数（个）	民营大型企业 专业个数（个）	民营中型企业 专业个数（个）
1	2	2	2

（2）厂校距离。

如图 7-6 所示，7 个国家级现代学徒制试点专业中无一日不能往返的合作企业，厂校一地的专业有 2 个，占比为 28.57%，一日往返的合作企业专业个数为 5 个，占比为 71.43%。

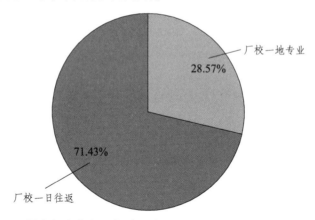

图 7-6　国家级现代学徒制试点专业主要合作企业厂校距离比例图

4. 师资队伍

从企业兼职教师比例、固定企业师傅、拜师仪式及师傅带徒弟数量 4 个方面进行调查分析。调查数据显示，企业兼职教师比例方面，4 所高职院校 7 个国家级现代学徒制试点专业平均比例为 50%，且学徒都有固定企业师傅，比例达到 100%，并举办了拜师仪式。数据显示，7 个试点专业 1 个师傅平均带 3 个徒弟。

5. 培养情况

调查问卷从分段培养划分情况、企业参与人才培养方案制定、企业参与课程及企业参与考核等方面进行了调查分析。从分段培养划分来看，"1（学校）+1.5（校企）+0.5（企业）"模式占据主导。所有国家级现代学徒制试点专业的企业均参与了人才培养方案的制定与课程的建设，企业参与度达到 100%。统计数据显示，企业参与考核情况总体良好，来自 3 所高职院校的 5 个现代学徒制试点专业企业参与了具体课程、综合考核、顶岗实习考核在内的所有考核，企业考核率达到 100%。

6. 法律保障

主要从企业为学生购买保险、校企学生签订相关就业或培养协议、学生具备明确企业员工身份及学徒期间学生获得报酬 4 个方面进行调查分析。购买保险方面，本次调查问卷涵盖意外伤害险与工伤保险两种，合作企业中，为学生购买了两种保险的合作企业数为 0；为学生购买意外伤害险的企业数量为 5，占比为 71.43%；为学生购买工伤保险的企业数量为 1，占比 14.29%；均未购买两种保险的企业数为 1，占比 14.29%。由图 7-7 可见，绝大多数企业为学生购买了意外伤害险。

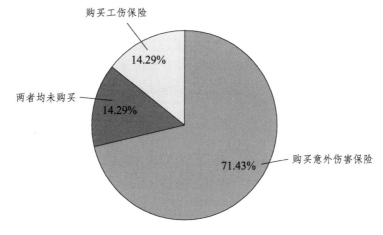

图 7-7　企业购买保险比例图

此次调查的现代学徒制 7 个国家级试点专业均有校企学生签订的相关就业或培养协议；在明确学生企业员工身份方面，仅有 2 个试点专业对应的合作企业明确了学生企业员工身份，占比 28.57%；未明确企业员工身份的专业个数为 5 个，占比 71.43%；学徒期间学生获得报酬方面，85.71%的专业对应的合作企业为学生支付了报酬，仅有一个专业对应的合作企业未支付相应报酬，占比仅为 14.29%，总体来看，现代学徒制国家级试点专业的合作企业给予了学生一定的法律保障。

（二）省级试点专业总体情况

本次参与问卷调查的省级试点院校中，民办高职院校有 3 所，占比 15.79%；其余 16 所高职院校均为公办。本次调查问卷分为 6 个部分，分别从政策支持、招生就业、合作企业、师资队伍、培养情况及法律保障 6 个方面进行调查。

1. 政策支持

通过调查问卷显示，19 所高职院校中，16 所高职院校出台了相关政策保障，占比为 76.19%，可见绝大部分院校出台相关政策保障学徒制试点的实施。

2. 招生就业

由表 7-7 可见，38 个省级学徒制试点专业中，21 个专业从 2015 年开始招生，共招收 1505 人，平均每个专业约 72 人；2016 年，共 27 个试点专业招收 2351 人，平均每个专业人数 87 人，比 2015 年增加 940 人；2017 年，27 个试点专业共招生 2281 人，平均每个专业 84 人。

表 7-7 省级试点专业招生人数对比表①

学徒制专业试点名称	2015 年招生人数（人）	2016 年招生人数（人）	2017 年招生人数（人）	2015 年留在企业人数（人）
汽车电子	36	26		10
工艺美术品设计	13	15	7	3
城市轨道交通运营管理	629	659	390	163

① 根据已获取数据统计。

续表

学徒制专业试点名称	2015 年招生人数（人）	2016 年招生人数（人）	2017 年招生人数（人）	2015 年留在企业人数（人）
移动通信技术		15		
数控设备应用与维护	15			14
软件技术		20		
计算机网络技术		18		
动漫制作技术	62			17
建筑工程技术	38		40	37
软件技术	40		40	40
物流管理			24	
电子信息工程技术			51	5
印刷媒体技术	43	51	58	
护理		32	23	
康复治疗技术		27	33	
蜀绣	5	2	4	1
护理专业		28		
酒店管理		38	43	
光伏材料技术制备				
市场营销	127	104	110	20
数字媒体应用技术	28	30	32	16
酿酒技术	28	30	38	
畜牧兽医		135	145	
机电一体化技术	75	98		25
汽车检测与维修技术		40	44	
学前教育	39	40	34	32
图形图像	42	24	22	12
给排水	17			25
工程测量	57	53	47	17

续表

学徒制专业试点名称	2015 年招生人数（人）	2016 年招生人数（人）	2017 年招生人数（人）	2015 年留在企业人数（人）
会计		650	750	
电气化铁道技术	66	40	50	56
酒店管理	23	30	26	13
测绘地理信息技术专业	37	40	43	
高分子材料工程技术	85	72	66	
中医学		34	37	
机械制造及自动化			39	
产品艺术设计			85	
总计	1505	2351	2281	506

由上表可见，统计此次调查问卷 2015 年留在企业人数共计 506 人，2015 年总招生人数为 1505 人，留企就业人数占比 33.62%，留企就业比例较低。

3. 合作企业

对省级现代学徒制试点专业合作企业的性质、企业规模及厂校距离的调查显示：38 个省级学徒制试点专业中，主要合作企业为国有大型企业的有 8 个，占比为 21.05%；合作企业为国有中型企业的专业个数有 4 个，占比为 10.53%；合作企业为国有小型企业的专业个数为 1 个，占比为 3%；合作企业为民营大型企业的专业个数为 9 个，占比为 23.68%；主要合作企业为民营中型企业的专业数量为 12 个，占比 31.56%；主要合作企业为民营小企业的专业数量为 7 个，占比 18.42%，见表 7-8。可见，省级学徒制试点专业的合作企业以民营中型企业为主，其次为民营大型企业。

表 7-8　国家级现代学徒制试点专业主要合作企业性质、规模汇总表

主要合作企业为国有大型企业的专业（个）	主要合作企业为国有中型企业的专业（个）	主要合作企业为国营小型的专业（个）	主要合作企业为民营大型企业的专业（个）	主要合作企业为民营中型企业的专业（个）	主要合作企业为民营小型企业的专业（个）
8	4	1	9	12	7

4. 师资队伍

从企业兼职教师比例、固定企业师傅、拜师仪式及师傅带徒弟数量 4 个方面进行调查分析。根据回收调查问卷显示，18 所高职院校 38 个国家级现代学徒制试点专业企业兼职教师平均比例为 45.67%，36 个省级学徒制试点专业有固定企业师傅，比例达到 94.74%，没有固定企业师傅的 2 个专业，占比 5.26%；可见，绝大多数省级学徒制试点专业的合作企业都有固定师傅。

26 个试点专业的合作企业举办了拜师仪式，占比为 70.27%，11 个试点专业的合作企业未举办拜师仪式，占比 29.73%。数据显示，38 个省级现代学徒制试点专业的合作企业中，1 个师傅平均带 4 个徒弟。

5. 培养情况

调查问卷从分段培养划分情况、企业参与人才培养方案制定、企业参与课程及企业参与考核等方面进行了调查分析。从分段培养划分来看，"1（学校）+1.5（校企）+0.5（企业）"模式占据主导，共有 14 个省级试点专业采取这种培养模式，占比 36.84%；采取"1+1+1 模式"共 8 个专业，占比为 21.05%；其余各个专业的分段划分都不一致。所有省级现代学徒制试点专业的企业均参与了人才培养方案的制定与课程的建设，企业参与度达到 100%。38 个省级学徒制试点专业中 19 个专业的合作企业参与全方位的考核，占比 50%，数量达到一半；仅有 4 个专业试点的合作企业只参与 1 项考核，占比 10.53%，见图 7-8。绝大部分企业参与度较高。

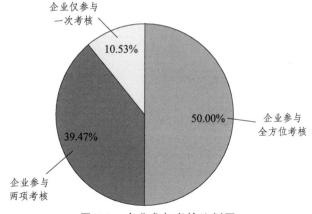

图 7-8　企业参与考核比例图

6. 法律保障

主要从企业为学生购买保险、校企学生签订相关就业或培养协议、学生具备明确企业员工身份及学徒期间学生获得报酬 4 个方面进行调查分析。购买保险方面，本次调查问卷涵盖意外伤害险与工伤保险两种，由表 7-9 可见，为学生购买的两种保险的合作企业对应的专业数量为 9 个，占比为 23.68%；为学生购买意外伤害险的合作企业对应专业数量为 16 个，占比为 42.11%；为学生购买工伤保险的合作企业对应专业数量为 6 个，占比 15.79%；两种保险均未给学生购买的企业对应专业数为 7 个，占比 1.42%。可见，大部分企业为学生购买了意外伤害险，还有一部分企业为学生购买了两种保险。

表 7-9　省级现代学徒制试点专业合作企业购买保险汇总表

主要合作企业为学生购买两种保险的专业（个）	主要合作企业为学生购买意外伤害险的专业（个）	主要合作企业为学生购买工伤保险的专业（个）	主要合作企业未给学生购买保险的专业（个）
9	16	6	7

38 个现代学徒制省级试点专业均有校企学生签订的相关就业或培养协议；在明确学生企业员工身份方面，7 个试点专业学生未具备明确的企业员工身份，29 个试点专业学生具备明确企业员工身份，有 2 个专业没有填写此项内容。学徒期间学生获得报酬方面，77.78% 的专业对应的合作企业为学生支付了报酬，仅 8 个专业对应的合作企业未支付相应报酬，占比仅为 22.22%，可见，绝大部分企业支付学生报酬，仅有少部分企业未支付学生报酬。

三、学生的视角

（一）关于现代学徒制认知的调查

本次调查以四川省现代学徒制试点单位 8 所高职高专院校现代学徒制试点班学生为对象。共发放问卷 640 份，回收有效问卷 597 份，占发放问卷的 93.28%。在有效问卷中男生占 60.6%，女生占 39.4 %。生源类别为平行高考的学生占 62.8%，单独招生的学生占 34%，其他类型学生占 3.2%。调查所得数据采用 SPSS20.0 统计软件进行统计整理和分析探讨。

1. 现代学徒制的认知情况

调查发现，大部分现代学徒制试点班学生对现代学徒制了解一点，占 61%，且学生了解现代学徒制的途径主要依靠学校宣传（占 61.8%），而另有 9.4%的学生从未听说过现代学徒制，见图 7-9。

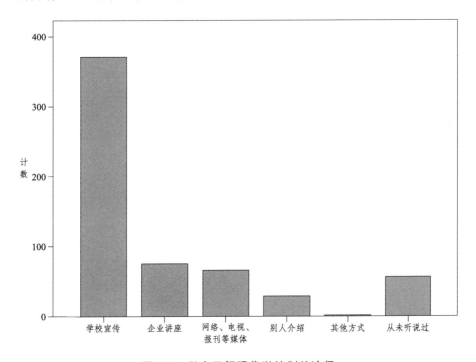

图 7-9　学生了解现代学徒制的途径

从图 7-10 可以看出，学生愿意就读现代学徒制项目班的最主要原因是与企业有合作，实践机会较多，选择此原因的人数占 46.4%。同时，有 40.2%的学生担心跟企业签了协议，以后就业没有更多的选择空间，而 36.2%的学生担心企业要求严，怕考核不合格不能在合作企业就业，19.6%的学生担心学校企业两边学习反而学不到扎实的东西，4%的学生存在其他的顾虑，见图 7-11。

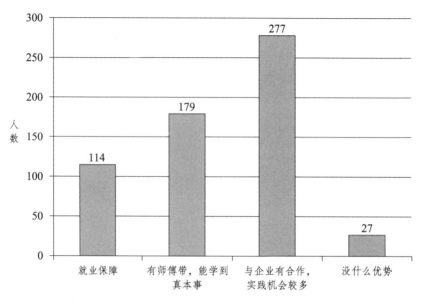

图 7-10 学生就读现代学徒制项目班的原因

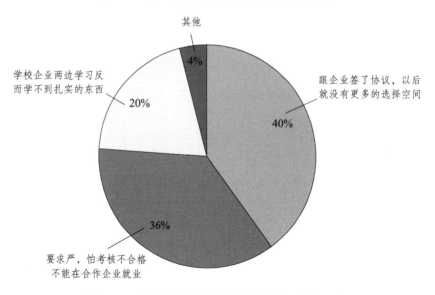

图 7-11 学生选择就读现代学徒制项目班的顾虑

2. 现代学徒制的法律保障

调查显示，37%的学生并不清楚企业是否为自己购买了保险，35%的学生没有享受到这种福利，仅有 28%的学生在实习过程中，企业为其购买了相应的保险。如图 7-12 所示。值得欣慰的是，当学生的合法权益被侵犯时，有 78%的学生会通过诉诸法律维护自己的权益，17%的学生没有考虑过这个问题，仅仅只有5%的学生选择忍受，见图 7-13。

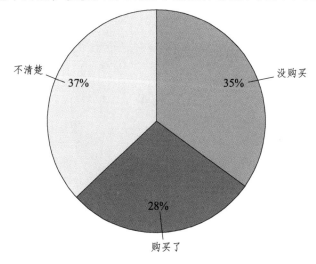

图 7-12　企业是否为学生购买保险

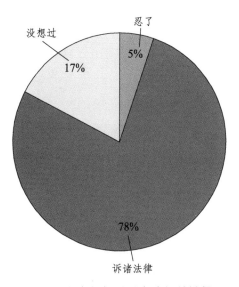

图 7-13　学生如何面对合法权益被侵犯

3. 现代学徒制的教学安排

学生进入现代学徒制项目班学习的时间及教学安排情况如图 7-14、图 7-15 所示。

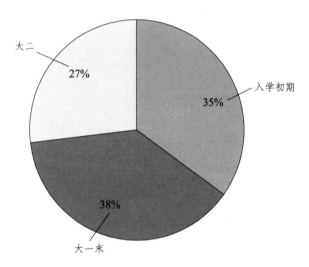

图 7-14　学生进入现代学徒制项目班学习时间

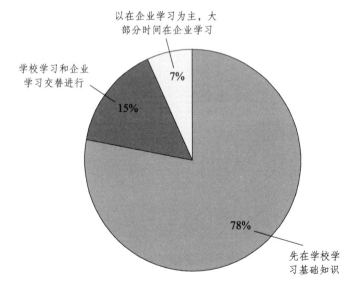

图 7-15　现代学徒制教学安排方式

4. 现代学徒制的学习情况

一是现代学徒制学生的学习困境。通过对 597 名学徒制班学生的调查发现，学生认为现代学徒制学习存在的问题主要有专业基础弱、难以适应岗位要求、疑难问题无人指导、自学能力差等，详见表 7-10。

表 7-10 现代学徒制班学生学习存在问题的调查表

企业生产环境差	难以适应岗位要求	疑难问题无人指导	工作太辛苦	人际关系紧张	专业基础弱	自学能力差
20.4%	38.5%	31.5%	21.9%	23.5%	56.3%	31.3%

二是现代学徒制学生的学习动机。根据问卷调查，大多数学生对现代学徒制的学习条件和学习环境感到满意，部分学生认为自己在就业上具有较大的竞争优势，职业能力也有较大的提升，对于进入现代学徒制项目学习有强烈的意愿，仅有 4.2%的学生不想选择现代学徒制学习。可见，学生普遍有参加现代学徒制学习的愿望和热情。

三对现代学徒制学生的学习成效。通过现代学徒制学习，大部分学生认为自己的专业水平有很大提升，现代学徒制学习方式也对自己的职业发展起到了很大的促进作用，整体收获很大。详见表 7-11。

表 7-11 对现代学徒制学习成效的调查

在现代学徒制项目的学习内容与工作实际相关度较高	是 92.1%	否 7.9%
师傅的言传身教对我的职业发展起到重要的作用	是 89.8%	否 10.2%
总体而言，在现代学徒制项目的学习中我收获很多	是 93.4%	否 6.6%

（二）关于现代学徒制满意度的调查

表 7-12 现代学徒制满意度调查统计表

题　项	是	否	比例
1. 我对进入试点班学习有强烈的意愿	24	6	80%
2. 在试点班学习有"家"一样的归属感	16	14	53%
3. 在试点班的学习内容与工作实际相关度较高	20	10	67%
4. 在试点班学习期间建立了良好师生关系	27	3	90%
5. 对试点班的学习条件和学习环境感到满意	20	10	67%

续表

题　项	是	否	比例
6. 我认为自己在就业上具有较大的竞争优势	13	17	43%
7. 我喜欢这种以小组学习为主的学习方式	27	3	90%
8. 在试点班学习期间职业能力得到了较大的提升	20	10	67%
9. 教师的言传身教对我的职业发展起到重要的作用	27	3	90%
10. 在试点班学习期间，我对企业有了更多的和更真实的了解	21	9	70%
11. 在试点班学习，我感觉各方面都具有优越感	10	20	33%
12. 我对试点班老师的教学非常满意	25	5	83%
13. 我相信通过进入试点班学习，我今后能有较好的发展	21	9	70%
14. 总体而言，在试点班的学习过程中我收获很多	25	5	83%
15. 如果再给我一次选择的机会，我仍然选择在试点班学习	20	10	67%

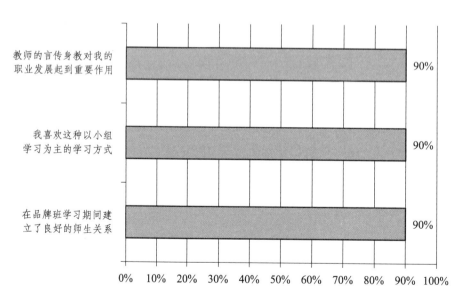

图 7-16　现代学徒制满意度居前三位的选项统计图

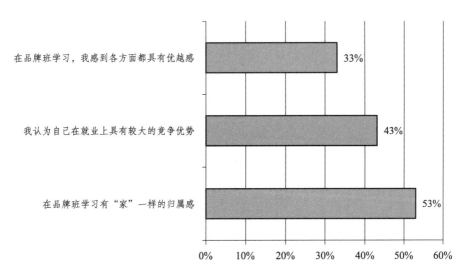

图 7-17　现代学徒制满意度居后三位的选项统计图

由表 7-12、图 7-16、图 7-17 看出，在试点班的现代学徒制实践中，做得比较好的是小组学习方式、师生关系以及教师的言传身教；然而，还有几方面做得欠佳：即学生在试点班并没有体会到应有的优越性、通过试点班的学习，学生在就业上并没有感到具有相应的优势。此外，在试点班的氛围营造上，还缺乏温馨和归属感的建立。这些是需要我们进一步改进之处。

第四部分
憧憬现代学徒制的灿烂明天

第八章　现代学徒制的成效

自 2015 年教育部开展现代学徒制试点项目以来，在高职院校的试点项目中，已有一届现代学徒制试点班级毕业生，试点单位也具备了三年的现代学徒培养经验，成效初显。

一、软件技术专业现代学徒制试点班与平行班的比较分析

2015 年 8 月 5 日，教育部办公厅印发《关于公布首批现代学徒制试点单位的通知》，软件技术专业被确立为首批现代学徒制试点专业。四川交通职业技术学院和上海景格科技股份有限公司于 2016 年通过"双向选择"组建了软件技术专业现代学徒制试点班（以下简称"试点班"）。本次评估采取对比的形式，选取同专业、同年级的非试点班（以下简称"平行班"），运用问卷、访谈、资料集中采集等方法，对试点班和平行班相关信息进行比较分析，客观反映学徒制试点的情况。

（一）招工招生

1. 生源情况

（1）性别分布。

试点班有学生 26 名，男生 19 名，女生 7 名。参与本次调查的平行班学生有 24 名，男生 5 名，女生 19 名。试点班男生占比比平行班高 52%，见图 8-1。

（2）入学方式。

在入学方式方面，试点班有 55%的学生参加的统一高考，45%的学生参加的单招考试，没有通过中高职贯通招生入学的学生。平行班有 23 名学生通过统一高考的形式入学，仅有 1 人通过中高职贯通招生入学，无单招考试入学的学生。可见，试点班近一半的学生通过单招考试入学，

所占比例远超平行班，见图 8-2。

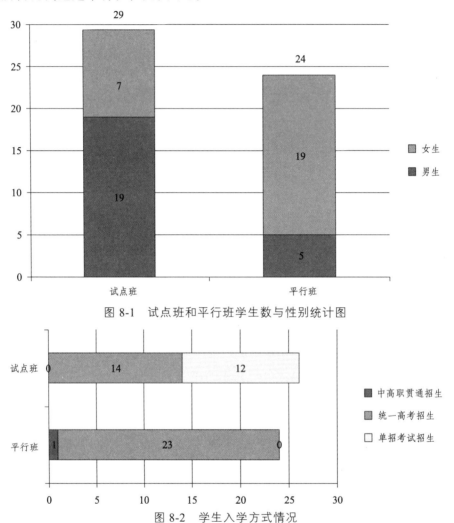

图 8-1　试点班和平行班学生数与性别统计图

图 8-2　学生入学方式情况

2．招生举措

（1）共建机构，明确职责。

校企双方共同成立了试点指导委员会、执行委员会和试点实施组，分别负责现代学徒制试点工作顶层规划与执行监督、现代学徒制试点具体工作事项的拟定与执行、教学工作实施和学徒日常管理等事务。校企双方成为职责共担、利益共享的办学共同体，企业全程参与学校人才培养，体现了校企"双主体"合作育人的实质。

（2）规范流程，联合招生。

2016 年 8 月，校企双方共同制定招生简章，并从试点背景、合作企业介绍、行业发展及就业前景、试点培养介绍、招生信息和试点说明等六个方面向当年入学新生进行了宣讲。

校企双方通过学生职业性格测试、共同面试等流程，最终录用 27 名学生成为试点班学徒。为保障试点学徒及家长的权益，使之明确试点方向，了解企业、行业、岗位，避免盲目选择，校企制定了《软件技术现代学徒制试点告知确认书》，力图使学生和家长对试点有较为清晰的认识，避免学生盲目选择岗位。

（3）签署协议，明确身份。

签订《软件技术现代学徒制试点学徒培养协议》，明确了学生的学徒身份，规定了学徒期间的待遇，规范了学徒的行为准则，促使选拔的学徒以协议为保障，实现"招生即招工，入学即入职，毕业即就业"的合作培养模式。校企共同培养高素质劳动者，实现学校和企业无缝对接。

（二）培养过程

1. 培养目标

试点班采用校企一体化或者工学一体化的方式进行人才培养，企业参与职业教育人才培养全过程，同时也将职业能力提升贯穿整个培养过程，着重培养学生的创新能力。从职业生涯发展的角度来看，较为注重学生初始岗位，岗位对接明确，同时也明确其发展岗位，职业生涯规划清晰，有利于调动学生学习积极性。

表 8-1 试点班和平行班培养目标对比

类型 班级	就业领域	人才目标	企业参与度
试点班	教育、游戏、科研等虚拟现实相关领域	培养能够从事虚拟现实项目设计、开发并适应全球化企业需求的高素质技术技能型人才	全程参与育人全过程
平行班	现代软件服务外包、移动应用等领域	培养能胜任 Web 前端设计、软件开发、软件测试、项目实施维护等工作的高素质技术技能人才	部分参与

2．培养模式

围绕不同的培养目标，试点班与平行班采用了不同的培养模式。平行班基于学生学习与成长规律，第一学年注重学生专业基础能力培养，训练学生的语言文字、数理逻辑、信息处理等方面的基本能力；第二学年注重学生专业能力训练，使学生具备运用编程语言进行程序编码、测试和实施的专业技能；第三学年注重学生职业综合能力和创新能力培养，深入校内驻校企业和工作室，全面提升工程知识与软件规范，养成岗位职业素养。试点班采用"悉岗→跟岗→试岗→顶岗→上岗"五岗渐进式[①]人才培养模式。

3．师资队伍

（1）双导师制。

依据"现代学徒制"的基本理念，试点班组建"学院教师＋企业授课教师＋企业师傅"的混编师资团队，校企共同负责实施学徒选拔、教学、管理、考核和就业保障，学院教师承担系统的专业知识学习和技能训练，企业授课教师负责企业专业课程教授，共投入 15 名优秀技术员担任授课导师和实训导师，总体负责 60%的专业课程教授，另投入 2 名管理人员专职负责试点管理和学院对接工作。

表 8-2　试点班师徒结对情况统计表

序号	学生编号	结对师傅（信息）					
		姓名	性别	年龄	工龄	职称	所学专业
1	X1						
2	X2						
3	X3	A	男	26	3	三维工程师	计算机图形图像制作
4	X4						
5	X5						
6	X6						
7	X7						
8	X8	B	男	25	3	三维美工	计算机应用技术
9	X9						
10	X10						

---

① 详见本书第 48 页。

续表

序号	学生编号	结对师傅（信息）					
		姓名	性别	年龄	工龄	职称	所学专业
11	X11	C	女	26	3	视频工程师	计算机图形图像制作
12	X12						
13	X13						
14	X14						
15	X15						
16	X16	D	男	26	6	动画工程师	新闻采编制作
17	X17						
18	X18						
19	X19						
20	X20						
21	X21						
22	X22	E	男	26	5	摄影摄像师	计算机图形图像制作
23	X23						
24	X24						
25	X25						
26	X26						

（2）流动机制。

学院教师可以进入企业进行技能培训和生产实践锻炼，实现教学内容与技术发展的同步更新，教学活动和企业培训活动持续融合。企业选拔优秀的一线技术人员担任兼职教师，一方面为学院和学生提供行业的前沿技术、与技术发展同步的人才培养课程体系和项目化培养体系；另一方面，企业一线技术人员通过参与教学，加强有关行业技术的理论化知识体系学习，提升工作效能。

（3）师生关系。

师生关系方面，在对每题正向选择的比例近性对比分析的基础上，通过计算得出"师生关系指数"。一般来讲，师生关系越正向、对职业认同度越高，学生取得的成绩就会越高。

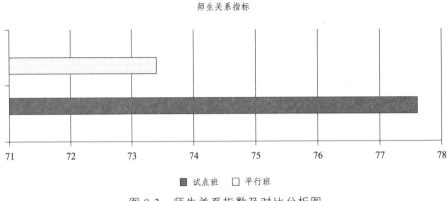

图 8-3   师生关系指数及对比分析图

从图 8-3 中可以看出，试点班的师生关系指数高于平行班。良好的师生关系也成为试点班能够取得预期学习效果的一个重要基础。

4. 教学资源

（1）课程体系。

试点班和平行班的专业课程体系建设过程基本相同，由课程体系设计思路、职业岗位核心能力分析、课程逻辑关系、专业核心课程等四部分组成。

① 课程体系设计思路。

通过两个班课程体系开发设计流程（思路）对比（见表 8-3）可以看出，两者的共同点在于课程设计的基础源于对岗位需求的分析、课程设置遵循学生成长规律及注重实际动手能力培养；两者最大的不同点体现在课程内容与最新技术的同步方面。试点班利用合作企业对最新技术的掌控同步更新教学资源，力求专业教学内容的更新与生产技术发展同步，能够保障学生对新技术的掌握，为就业对接奠定基础，如表 8-4 所示。平行班的课程体系设计思路见图 8-5。

表 8-3   课程体系设计思路对比

班级 类型	相同点	不同点
试点班	1. 岗位需求分析 2. 遵循成长规律 3. 注重实际动手能力培养	强调课程内容与最新技术的同步
平行班		强调课程内容与岗位对接

图 8-4　试点班课程体系开发流程图

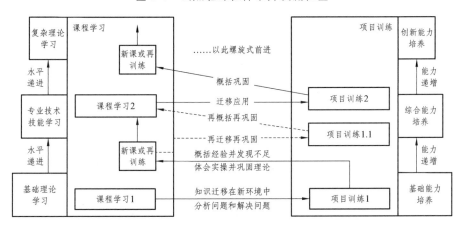

图 8-5　平行班基于概括化理论的课程体系设计思路图

② 职业岗位核心能力分析。

职业岗位核心能力分析是针对社会对职业能力所提出要求的一种解读。试点班和平行班在学生培养所面向的职业岗位方面存在着较大的不同，如表 8-4 所示。

表 8-4　职业岗位对比

项目 ＼ 班级	试点班	平行班
职业岗位名称	次世代三维建模师	Web 前端开发岗位
	三维渲染师	软件开发岗位
	unity3d 美工	软件测试岗位
	Unity 游戏软件开发工程师	软件运维支持岗位

两者最为突出的区别是试点班的职业岗位对接更为精准，这一方面体现了现代学徒制所面向的企业、面向的岗位、面向的技能更为具体；另一方面，这种更为精准的岗位对接从客观上也要求企业必须参与学生（学徒）培养的全过程，同时这也使师傅"手把手"传授技能给学徒成为

了可能，实际践行了"校企一体化育人"的理念。

在"职业岗位核心能力要求"方面，试点班的要求更为明确和具体，如表 8-5 所示。

表 8-5 职业岗位核心能力要求对比

项目 \ 班级	试点班	平行班
职业岗位核心能力要求	熟练运用 3dmax 和 maya 建模软件，熟悉二维转三维、Polygon 建模，NURBS 建模等建模方法；熟悉次世代建模流程，了解次世代低模、中模、高模建模需求，能根据后期渲染和烘焙贴图对模型进行优化	能够进行 Web 页设计及交互
	熟练掌握 3dmax、maya 的渲染工具（3dmax：默认渲染、mental ray 渲染、v ray 渲染；maya：快速渲染、mental ray、v ray 渲染）的使用	能够设计与实现简单的 B/S 型或 C/S 型系统和移动应用系统
	熟练使用 Unity3D 引擎，具有 Unity3D 引擎美术资源优化能力；熟悉 3D 动作基本制作流程，熟练掌握 3dmax 骨骼系统等；掌握 c#、javascript 编程语言	能够编写软件测试文档和测试分析报告、能够使用测试软件对软件进行功能测试
	熟练 3D 开发流程，熟悉 3D 渲染、物理开发及相关数学知识；精通 C#或 JS，以及面向对象编程和脚本语言使用经验，具有严谨的逻辑思维能力；良好的编程风格及版本控制习惯；熟悉 Unity3D 中特效、粒子、shader 等效果	能处理日常的硬件、软件及网络问题、能够对公司开发的软件进行安装、调试与维护和对用户进行软件使用培训

③ 课程逻辑关系。

平行班软件技术专业分为.NET 和 Java 两个方向，区别不大，本次对比采用的是.NET 方向的专业课程，见图 8-6、图 8-7、表 8-6。

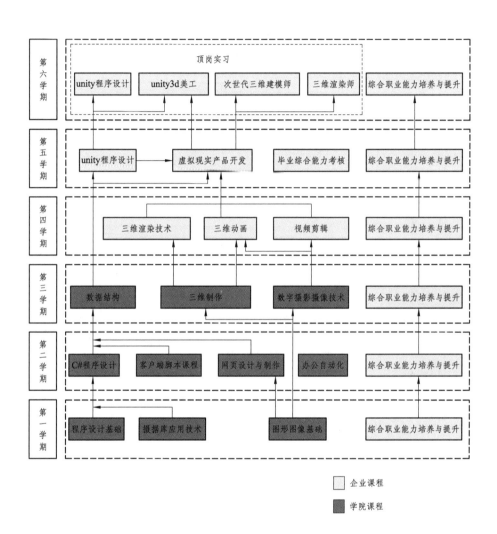

图 8-6 试点班专业课程逻辑关系图

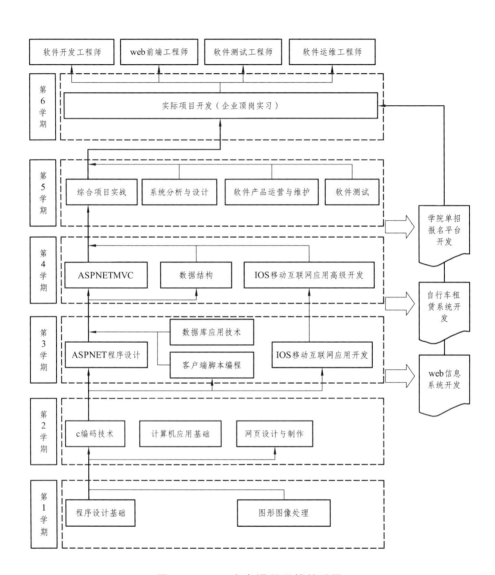

图 8-7　.NET 方向课程逻辑关系图

表 8-6　课程逻辑关系对比

类型\班级	相同点	不同点
试点班	"专业基础课—专业核心课—顶岗实习"的课程逻辑	1. 开设"综合职业能力培养与提升"课程 2. 企业参与课程教学全过程 3. 顶岗实习期的岗位更具有针对性
平行班		1. 实训平台依靠学校提供的资源 2. 顶岗实习目标泛化

通过表 8-6 的对比可以看出，两者基本遵循"专业基础课—专业核心课—顶岗实习"的逻辑。较为显著的不同点在于试点班开设了"综合职业能力培养与提升"课程，并且企业参与了课程教学的全过程，这样就使得顶岗实习期的岗位更具有针对性。

两者的不同主要源于职业结构的变化对劳动者提出的新要求。"综合职业能力培养与提升"课程正是为了保证学生不仅要有完成现有岗位任务的胜任力，还要有适应岗位迁移和就业方式不断变化的适应力。

④ 专业核心课程。

试点班和平行班在公共课程、专业基础课程的设置上基本保持一致，均为 21 门公共课课程、8 门专业基础课程。但是在公共课程的课时分布上，两者略有差别：试点班的公共课程课时数在前四个学期明显多于平行班，这一安排说明试点班将会有更多的学时在后两个学期安排专业核心课程和实训课程。

专业核心课程可以分为专业核心理论课程、综合实训（职业能力培养与提升）课程、毕业设计、顶岗实习四部分内容。由于试点班和平行班有不同的培养目标，因此专业核心理论课程均是各自领域内的知识内容。两者较大的差异主要存在于两个方面：一是在综合实训（职业能力培养与提升）课程方面，试点班的门类数要多于平行班；二是在学时方面，试点班的专业核心课程贯穿于全部学期，而平行班则是从第二学期才开始专业核心课程的学习。

（2）实训资源。

从表 8-7 两个班级的比较可以看出，试点班的实训资源主要由合作企业提供，平行班则主要由学校提供。企业提供的实训资源，岗位更为具体、技能训练更具针对性，实训过程严格遵循公司规定和市场运行模式，有利于学生的技术养成。

表 8-7   试点班和平行班实训资源对比

项目＼班级	试点班	平行班
实训资源	依托企业的虚拟现实技术综合项目实训，主要训练学生多种软件应用能力，通过实训，熟悉虚拟现实产品制作流程。综合运用各种技能，达到技术为需求服务的实训要求。学生在实训过程中，需严格遵守公司规定，具备专业的项目执行和自主实际操作能力	依托学院的在线考试系统、计算机等级考试管理系统、单招考试报名系统、自行车租赁管理系统、信息系网站系统研发、移动模式的图书漂流借阅平台、编程逻辑思维训练平台等完成实训
备注	主要开发者为企业	主要开发者为学校

5．教学管理

（1）教学合作。

试点班将生产任务引入教学内容，将生产过程对接教学过程，有效解决了课程内容缺乏真正工作任务的问题。从课程体系开发、实战化项目设计、职业素质培养等方面全过程、全方位地融合企业实际生产任务，并根据市场需求不断调节和更新内容，确保课程内容实效性。

（2）考核评价。

在学生考评方面，试点班制定学分制管理办法和弹性学制管理办法。创新考核评价与督查制度，建立多方参与的考核评价机制，见表 8-8。

表 8-8   学生考核评价方式表

课程类型	考核评价方式	组织单位
公共基础能力培养课程	考试	学院
专业能力培养课程	考试	系部
核心专业课程	项目考核+考试	企业
职业能力培养课程	企业评价+项目考核	企业
实践教学培养课程	企业评价	企业

在学生管理方面，试点班制订学徒管理办法，保障学徒权益，根据

教学需要，科学安排学徒岗位、分配工作任务，保证学徒合理报酬。落实学徒的责任保险、工伤保险，确保人身安全。

（三）培养成效

1. 课程成绩

（1）必修课总体比较，试点班优于平行班。

通过试点班和平行班必修课的成绩对比可以看出，必修课的各种课程类型（包括公共课、专业课），试点班平均绩点约为 2.4185，平行班平均绩点为 1.9837。从直观上来看，试点班成绩高于平行班。

图 8-8　课程成绩比较

通过加权绩点数据进行单因素方差分析后可以看出，平行班与试点班的整体成绩水平的差异显著。这说明，在综合成绩方面看来，试点班显著高于平行班，二者成绩上的差异是可区分的，如表 8-9 所示。

表 8-9　加权绩点数据进行单因素方差分析

ANOVA				
必修课绩点				
	平方和	df	均方	F	显著性
组间	2.638	1	2.638	10.694	.002
组内	14.060	57	.247		
总数	16.698	58			

（2）不同课程类型比较，专业课差异大于公共课差异。

在必修课的范畴内，分别对公共课和专业课两个维度来进行评测。在专业课维度上，试点班成绩明显高于平行班；公共课维度上，试点班成绩虽高于平行班，但相较于专业课，差异不太明显（如图 8-9），这说明两个班整体成绩的差异主要由专业课方面引起的。

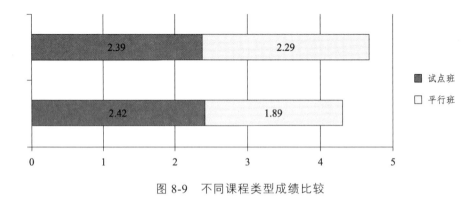

图 8-9 不同课程类型成绩比较

（3）相同的专业课比较，平行班基础性专业课的表现优于试点班

试点班与平行班在相同专业课的师资配备上基本相同，进行比较后可以看出，在基础性专业课方面，平行班要优于试点班；但在应用性专业课程方面，试点班优于平行班。

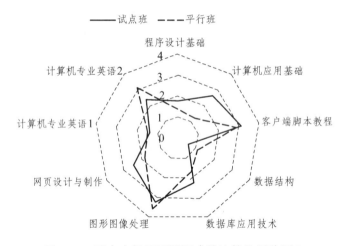

图 8-10 两个班级不同课程成绩比较的雷达图示

通过对试点班和平行班的成绩对比可以看出，两者在专业核心课程的差异较大，试点班明显优于平行班。但在基础性专业课程方面，例如计算机专业英语、数据结构等，试点班较为薄弱。这在一定程度上显示出试点班注重专业课程的学习和专业技能的培养，尤其是与企业相关的专业课程与专业技能，在基础性课程方面的重视不够。

2. 综合能力

学生综合能力主要通过技能竞赛、奖学金等形式的比较来体现。

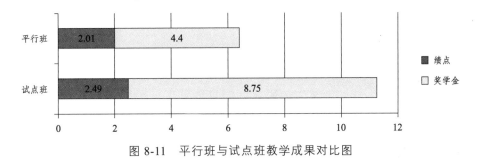

图 8-11 平行班与试点班教学成果对比图

通过图 8-11 的比较结果可以看出，试点班综合能力表现明显优于平行班。从奖学金评定的角度来看，其组成要素体现出试点班学生的综合能力素质要高于平行班。

3. 职业认同

职业认同是个体对于所从事职业的肯定性评价。通过对问卷题目得分的总体情况进行比例计算，从而获得职业认同指数，更为精确地进行对比，获得可观结果，见图 8-12、图 8-13。

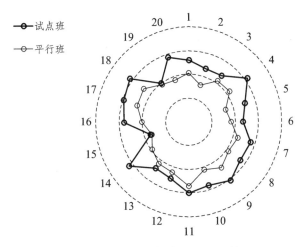

图 8-12 职业认同问卷题目得分情况

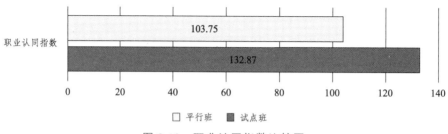

图 8-13　职业认同指数比较图

可以看出，试点班学生的职业认同指数要高于平行班的学生，这可能与企业深度、全程参与人才培养有密切的关系。首先，试点班学生从入校便开始接触未来将要从事的职业，有充分的时间对职业进行感知；其次，试点班学生可以对未来职业直接进行多维度的认知，如企业师傅、企业管理、人际关系、职业发展等，有利于消除对职业的偏见。

4. 学习动力

在学习动力方面，为了使学习动力的对比更为精确，依据对题目正向选择的比例进行对比分析后获得"学习动力指数"，见图 8-14。

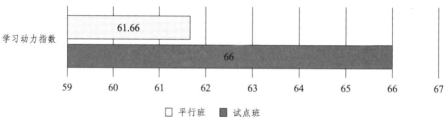

图 8-14　学习动力指数及对比分析图

从学习动力指数的对比可以看出，试点班的学习动力要高于平行班。一方面，这主要源于现代学徒制是一种与工作场所息息相关的学习模式，工作场所为技术技能迁移创设了有效的传播渠道、为现代学徒制提供了丰富的学习素材，而这些就成为学生获得学习动力与活力的基础；另一方面，现代学徒制具有多元的利益相关者，学生即为其中之一。基于外部利益的驱动，学生（学徒）的学习动力较为主动、强劲。

（四）综合评价

现代学徒制既是一种人才培养模式，也是一项管理服务工作。用学生满意度来衡量现代学徒制的实施成效，更能体现"以生为本"的教育理念，增强学生培养与管理工作的实效性和针对性，学生满意度题目得分情况见图 8-15。

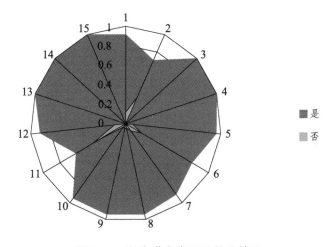

图 8-15　学生满意度题目得分情况

调查显示，学生对现代学徒制的总体满意度达到 90.7%，说明绝大多数学生比较认可现代学徒制试点工作。试点班全体学生均认为在现代学徒制试点班的学习内容与工作实际相关度较高，在试点班的学习收获很多，师生关系能够产生良性互动，这些都为学生今后获得较好的发展奠定了基础。同时需要注意到的是，约有 30% 的学生对团队师资、实训资源等方面所获得的优越条件认知度较低，对班级的归属感不高，影响到就业竞争优势的形成，这说明试点班在教学过程中需要进一步加强学生对行业、企业的认知，在企业实训环节增强激励措施的应用。这些都需要引起校企双方的重视。

（五）评价思考

现代学徒制作为一个试点项目，是否具有可持续发展能力，一是看现代学徒制本身是否具有比较优势；二是看现代学徒制是否具有生态适应性；三是看现代学徒制是否具有长效延续性。基于对全国首批现代学徒制试点单位软件技术专业的分析，对现代学徒制的发展力有以下思考。

1. 认可度：缓解现代学徒制主体的两难抉择

现代学徒制针对单一学校教育制度在人才培养质量上的弊端，汲取传统学徒制在人才培养质量上的优势，以追求技术技能型人才培养质量为根本。就目前的试点情况而言，已初步具备现代学徒制的形与神。首先，在教学组织上，现代学徒制试点单位的现代学徒制班级普遍采用小班化的教学组织形式，班级规模普遍在 30 人以内。其次，在教学方法上，小组教学等教学方法在现代学徒制班级普遍使用。第三，在校企合作上，厂校距离倾向于厂校一致或一日往返的距离范围，便于学徒感受企业文化和实现工学交替。以四川交通职业技术学院软件技术专业试点班为例，其合作企业是"校中厂"，企业随时观察、了解"学徒"；学徒"零距离"接触企业，学徒在大一便可实现"半工半读"。第四，在教学资源上，试点班学徒拥有丰富的实训资源和顶岗机会。以四川交通职业技术学院软件技术专业试点班为例，学徒从大一开始，便可以获得企业的技术培训机会，一对一配备企业项目经理作为企业师傅。第五，在培养模式上，现代学徒制试点单位普遍按照"学生→学徒→准员工→员工"的培养进程来设计培养阶段，初步构建了具有现代学徒制特色的"招工—培养—出师"环节。例如，在招生环节，企业深度参与试点班的学徒选拔；在培养环节，通过共商培养方案、共建师资团队、共用教学资源等积极互赖的"共建共享"机制，形成了紧密的校企合作关系；在出师环节，企业成为人才培养质量评价的重要主体，多元评价模式在现代学徒制中广泛运用。

可以看出，现代学徒制试点班相对于传统的培养模式，集聚了学校与企业双方的优势资源，具备了提升人才培养质量的比较优势和前提条件。然而，在如此的优越条件下，企业和学生也面临着两难抉择。一方面，企业选才范围受限。目前的现代学徒制大都是学校完成招生环节以后（仅有少部分企业参与了学校单独招生面试环节），学生和企业进行双向选择，这在一定程度上限制了企业的选择范围，也难以实现真正的"招生即招工"；另一方面，学生一是对现代学徒制知之甚少，二是担心签订协议后反而限制了就业去向。同时，企业也担心精心培养的学徒不能留在企业。调查显示，首届现代学徒制试点班毕业生留在合作企业的人数比例不是很高，有些甚至相当低，如表 8-10 所示。由此导致现代学徒制对于企业和学生而言都面临着两难抉择。

表 8-10　全国现代学徒制试点专业招生就业情况对比表

试点专业	2015 年招生人数（人）	2016 年招生人数（人）	2017 年招生人数（人）	留在企业人数（人）
A	123	209	—	2
B	105	72	72	105
C	49	57	72	49
D	48	49	52	48
合计	325	413	276	202

2. 适应性：优化现代学徒制的存在场域

从学生的视角来看，上述对现代学徒制试点班与平行班学生的成长发展的定量调查结果表明，现代学徒制班的学生在课程成绩、综合能力、学习动力和职业认同等方面普遍具有比较优势，充分突显了现代学徒制在人才培养上的"质量"优势。从试点本身的视角来看，全国首批现代学徒制试点项目已经历了三年的实践，部分试点单位已完成了一届学生的完整培养周期，社会影响逐步建立。然而，现代学徒制作为一种技术技能型人才培养模式，不是独立存在的，而是与其他培养模式一并共处于职教生态中。这就涉及如何处理现代学徒制与其他类型人才培养模式之间的关系问题。采用何种人才培养模式取决于专业基础、专业特性和社会需求等因素，不同的专业和不同的社会（行业）发展阶段，对技术技能型人才的数量需求和规格需求是有差异的，因此，人才培养模式具有专业适应性和社会适应性。在职业教育生态系统中，现代学徒制作为一种新型人才培养模式的试点与推广，对原有的职业教育生态平衡产生了冲击，教育理念、教育方法、资源配置等诸多方面提出了挑战，并在一定程度上引起不同人才培养模式之间的竞争。如何从相互竞争到协同进化，是职教生态系统健康发展的重要关注点。

3. 持续性：完善现代学徒制的运行保障

试点是在矛盾的特殊性中总结出一般的经验，是从矛盾的特殊性到普遍性，"推广"是把一般的经验进行推广，从矛盾的普遍性到特殊性。现代学徒制试点的目的在于发现问题、吸取教训、总结经验，为推广奠定基础。全国首批现代学徒制试点工作开展三年来，成效初显，但也显现出一些不足，如何从法律和政策层面保障企业的经济利益、减少企业的培养成本和生产风险都是亟待解决的问题。如何解决企业在现代学徒制试点工作中所面临的经济成本增加、风险加大等问题，以提高企业参与现代学徒制人才培养工作的积极性？这就涉及长效机制的建立，以避免"应激性""一时性"的学徒培养行为。长效，即一种自觉，将机械地应答变为一种工作习惯方式；机制，即制度化，是事物运行的基本原理。现代学徒制的长效机制就是要建立校企共同培养学徒的"惯性"，这种"惯性"依赖于通过制度建设，确保校企双方构建相互依赖的利益共同体。抽样调查显示，在现代学徒制试点的 7 个专业中，当地政府出台相关政策的专业数仅有 1 个，学院层面出台相关政策的有 4 个，占比 57.14%。[①]可以看出，现代学徒制在试点过程中已开始涉足长效机制的建立，但参与长效机制建立的主体还比较单一，仍然是以学校为主体，政府、行业、企业还需进一步深入介入。

二、汽车运用技术专业现代学徒制试点班与平行班的比较分析

2015 年 8 月 5 日，教育部办公厅印发《关于公布首批现代学徒制试点单位的通知》，四川交通职业技术学院入选首批现代学徒制试点单位，汽车运用技术专业被确立为首批现代学徒制试点专业。于 2015 成为全国第一批现代学徒制试点单位，按照现代学徒制模式和要求，汽车运用技术专业在与宝马公司校企深度合作实践的基础上组成了宝马现代学徒制试点班（以下简称"试点班"）。本次评估选取同专业、同年级的非试点班（以下简称"平行班"），运用问卷、访谈、资料集中采集等方法，对试点班和平行班相关信息进行比较分析，客观反映相对学徒制试点情况。

（一）招生招工

1. 生源情况

（1）性别分布。

试点班有学生 102 名，男生 82 名，女生 20 名，男女比例为 4∶1；

[①] 根据对全国现代学徒制试点单位的 4 个试点专业招生就业数据采集结果整理。

平行班学生有 106 名，男女比例为 10：1，如图 8-16 所示。

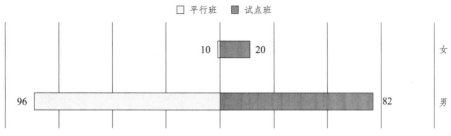

图 8-16　试点班和平行班学生数与性别比例

（2）入学方式。

在入学方式方面，试点班和平行班的大多数学生是通过参加统一高考的形式入学，占比分别为 99% 和 94%，试点班有 1% 的学生通过单招考试入学，平行班有接近 6% 的学生参加单招考试入学，两个半均没有通过中高职贯通招生入学的学生。这说明"统一高考招生"是入学的主要形式。

在学生的专业志愿填报方面，试点班有 88% 的学生是自己选择的专业志愿，平行班在这一方面的比例也占比也达到了 85%，在两个班中均占据了绝大多数。这说明，试点院校的专业实力和人才培养效应的社会认可度较高，对生源有很大的吸引力，生源数量上的优势也成为优质生源的重要保障。

2．招生举措

（1）政策保障。

试点院校出台《四川交通职业技术学院现代学徒制试点工作实施方案》《现代学徒制项目建设实施管理办法》《"双导师"教学团队管理办法》《学生现代学徒制实习管理制度》《现代学徒制试点工作质量监控制度》等一系列制度文件，保障现代学徒制试点工作的顺利开展。

试点专业与企业共同研究、制定并出台了《汽车运用技术专业现代学徒制试点工作实施管理办法》等一系列关于汽车运用技术专业现代学徒制试点的管理制度，促进试点工作不断完善。

（2）规范招生。

试点班以企业资格认证为主线，学生在校第二学年参加宝马培训学院组织的企业资格认证（初级认证）后，通过企业与学生的"双向选择"，签订《顶岗实习协议》(学校、宝马授权经销商和学生共同签订)、《教育合作意向协议》(学校与华晨宝马汽车有限公司签订)、《就业协议承诺书》(学校和学生签订)，以合法的形式保障学校、企业、学生三方在订单班学期期间的职责和权利，明确学生宝马 BEST-2 项目的学徒身份，将学习和就业有效衔接。

（二）培养过程

1. 培养目标

试点班贴近企业业务需求与发展，以企业资格认证为主线，利用专业的技术、非技术培养团队和完善的培养质量控制体系，保持培养方式先进性，培养能胜任宝马机电维修、服务顾问、销售及零件等覆盖宝马经销商网络各岗位的高端技术技能人才。从专业视角来看，试点班的培养目标始终与企业的技术发展保持同步，专业课程内容丰富，能够使学生全面接触、感受技术的进步，有利于学生创新思维逻辑和创新技术技能的培养，试点班和平行班的培养目标对比见表 8-11。

表 8-11 试点班和平行班培养目标对比

班级\类型	培养方向	培养规格	学分	证书
试点班	宝马机电维修、服务顾问、销售及零件等覆盖宝马经销商网络各岗位高端技术技能人才	1. 专业基础知识 2. 一般专业技能 3. 合作企业规定的技能要求 4. 获取信息能力 5. 独立开展工作和创造性地开展业务的能力	140 学分 公共课程：29 学分 专业课程：105 学分 选修课程：6 学分	1. 宝马 BEST 认证证书 2. 全国英语三级证书 3. 全国计算机等级考试二级证书 4. 普通话二级甲等证书
平行班	能胜任汽车检测与维修、车辆维修接待、生产管理等工作的高素质技术技能人才	1. 专业基础知识 2. 一般专业技能	140 学分 公共课程：30 学分 专业课程：104 学分 选修课程：6 学分	中、高级汽车维修工职业资格证书

2. 培养模式

试点班构建"双主体"人才培养模式和交替式学习方式，如图8-17。三年学习期间，学生 1/2 的时间在企业和宝马成都培训基地接受培训，1/2 的时间在学校学习理论知识和专业技能。学生毕业时同时取得学历证书和职业资格证书。在教学组织上，学徒的学习是在企业中的实训和课堂上的学习的有机结合，实行校企合作、工学结合的形式。以三年学制计算，学生 1/2 的时间在企业和宝马成都培训基地接受培训，1/2 的时间在学校学习理论知识和专业技能。学生毕业时同时取得学历证书和职业资格证书。在教学组织上，试点班采用"小型化"的组织形式。一方面，控制招生量，班级规模控制在 15～20 人范围内，由 5～6 名教师组成的项目组全程负责该班学生，师生比控制在 1∶3 到 1∶4 之间；另一方面，采用多样化的小型化组织形式，分小组、分层次、分批次实施教学，确保每个学生受教育的"含金量"，以此提升教育效果。

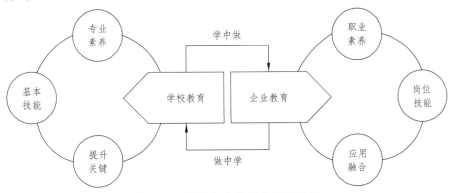

图 8-17 学校与企业具体职责分工

同时，试点班嵌入企业认证体系（如图 8-18 所示），试点班学生从正式入选宝马到通过宝马培训学员的认证须经历 3 个阶段，即"在基地 2 个月的理实一体化学习+宝马经销商实践学习+基地 1 个月"的理实一体化学习。通过认证的学生将获得宝马培训学员颁发的技师证书，获得该证书的学生即可与原实践单位签订正式劳动合同，顺利晋级为正式员工，也可以直接进入宝马更高级别的课程学习、认证。

平行班实施突出学生"跨职业素质和通用专业技能→岗位综合能力→职业能力"的能力培养主线。"跨职业素质和通用专业技能"可以为学生在二年级根据个人性格与爱好打破专业限制选择岗位就业时打好基础，确定岗位后再有针对性地进行"岗位综合能力"培养，最后培养学生"职业能力"，为未来发展奠定基础。在具体的培养过程中，平行班采用双平台培养体系，按照学生职业能力的形成规律，将学生的培养过程分为"公共平台＋专门化方向平台"。公共平台（2年）主要培养学生的跨职业素质和专业通用技能，专门化方向平台（0.5+0.5年）主要培养学生与岗位对接的专门化技能。同时积极搭建"三环境"实训基地，以单项任务模拟训练为主的学习训练区＋以生产任务训练为主的名企培训中心＋"一圈两地"（一圈即成渝经济圈，两地即长江三角洲地区和珠江三角洲地区，布局学生顶岗实习校外实训基地的三个学习训练环境。

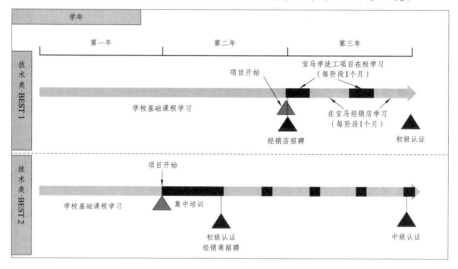

图 8-18　试点班人才培养流程图

3．师资队伍

（1）三师团队。

试点班将学校内部专业教师与企业资深技术人员担任的"师徒式"导师进行有机结合。承担校内导师职责的人员均来自"三师"水平的教师团队，是具备本专业丰富的理论知识和具有较强实践能力的本专业业务骨干教师。企业师傅来自企业师傅资源库，均为通过 BEST2 考核的资深技术人员。

双导师规定企业师傅与学生的联系由校内导师来完成，使校内导师和企业师傅在共同指导学生的过程中加强了联系和沟通，校内导师通过与企业师傅的合作，可以获得实践教学的典型案例，弥补了实践经验的不足，增强了教师的实践能力。校内导师和企业师傅结合起来就是现代学徒制中师傅对徒弟的完整指导。

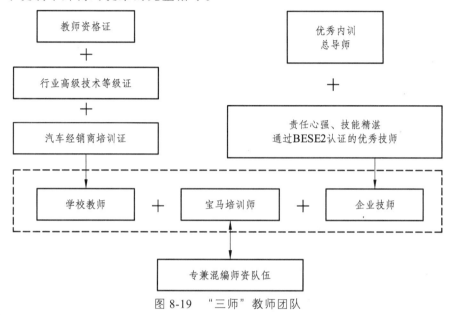

图 8-19　"三师"教师团队

（2）师生关系。

根据调查结果，试点班与平行班师生关系指数[①]如下：

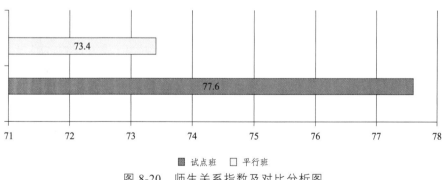

■ 试点班　　□ 平行班

图 8-20　师生关系指数及对比分析图

---

① 在对调查问卷每题正向选择的比例进行对比分析的基础上，通过计算得出"师生关系指数"。一般来讲，师生关系越正向、对职业认同度越高，学生取得的成就就会越高。

可以看出，试点班的师生关系指数高于平行班，但是差别依然不是太大。现代学徒制中较为突出的特点——"师徒关系"是造成这种显微差距的主要原因，这说明现代学徒制在试点班的运行有成效，但是更有较大的提升空间。

试点班采取 5～6 名成员组成的项目组全程、全面负责 15～20 名学生的学习与生活，教师以言传身教、亲力亲为的教育方式，在传授技术经验的同时对学生进行职业道德、行业规范、人际沟通等方面进行教育和感染，教师既是技术的师傅，又是生活的导师，深厚的师生情感激发了学生极大的学习热情和学习兴趣，有效解决了当前高职教育中难以解决的内在学习动力问题，突破学校教育对教育内容（特别是道德与技能）的过分分割的状况，强调教育内容之间的相互联系和相互促进。

4. 教学资源

（1）课程设计。

试点班和平行班课程逻辑关系均按照由浅入深、从通用知识和能力到专项岗位知识和能力来设置。（如图 8-21、图 8-22 所示）

通过图 8-21、图 8-22 的比较可以看出，试点班和平行班的课程在第一学年主要集中在专业基础知识方面，并分三个方向学习了发动机、底盘、电气的专业技能知识。其中试点班将"底盘构造与维修"的理论学习在一学年内完成，第二学年集中实训；平行班分为两个学年完成"理论+实训"的学习任务。在第二学年，试点班和平行班的课程安排均集中在实训方面。试点班的实训要明显多于平行班，同时增加了汽车维护和汽车保养训练等课程；平行班的课程设置包括了理论知识学习与技能实训。

（2）课程体系。

试点班根据岗位需求，对原有课程进行分类重构，建立以核心职业技能为中心的模块组合式、技能层进式的专业课程体系。

企业对试点班学生开放企业一线最新资料、技术公报、典型案例、生产问题、技术论坛、维修快讯等资源；试点院校以校内课程为基础来整合企业技术资源，以企业生产问题和真实工作任务为载体，以学材为表现形式，由学校教师和企业技师共同组建的教学团队，通过引导课文教学法，培养学生技术思维能力和自主学习能力。

学生以个体或小组的形式独立制定工作和学习计划、实施并进行评价反馈，学习过程体现完整的行动模式，引导学生进行研究式自主学习，通过开办企业课堂，采用现场学习、合作学习、网络学习、教师辅导等多种方式，在培养专业能力的同时，获得工作过程知识，提高学生的技术技能，形成"双体系"校企课程结构，如图8-23。

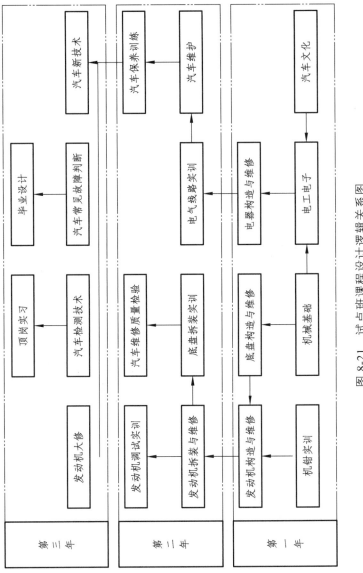

图8-21　试点班课程设计逻辑关系图

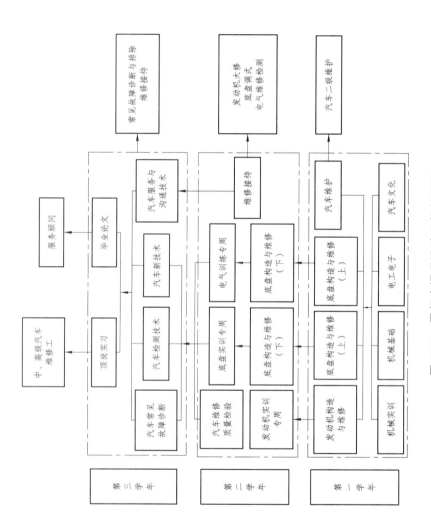

图 8-22 平行班课程设计逻辑关系图

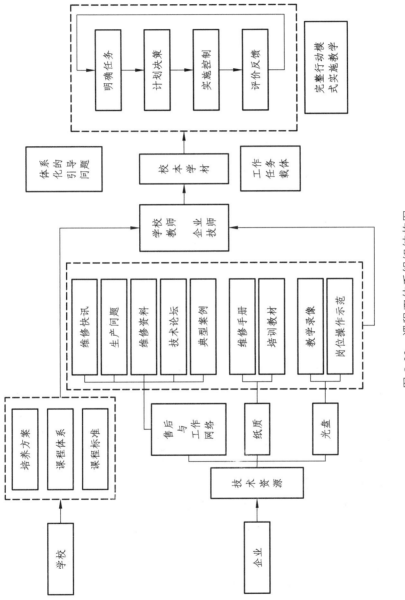

图 8-23　课程双体系组织结构图

（3）课程设置。

课程设置主要分为公共课程、专业基础课程和专业核心课程三部分。试点班和平行班在公共课程、专业基础课程的设置上基本保持一致。但是在专业基础课程的理论课时分布上，两者略有差别：试点班的专业基础课程理论课时数要明显多于平行班，这说明试点班需要学习的专业基础课程涵盖了合作企业提供的一线技术课程。

专业核心课程可以分为专业核心理论课程、综合实训课程、限选专业核心课程、毕业设计、顶岗实习五部分内容。由于试点班和平行班有不同的培养目标，因此专业核心理论课程均是各自领域内的知识内容。两者较大的差异主要存在于两个方面：一是在限选专业核心课程方面，试点班主要集中在合作企业所提供的技术课程方面，专业程度要高于平行班；二是在学时方面，试点班的专业核心课程课时（理论课时与实践课时）要明显多于平行班，多出的课时多集中在专业核心理论课程方面。

5. 考核评价

试点班的考核评价使用"双标准"考核标准体系。主要是将企业技术人员考核标准和企业技术培训体系认证资格标准与学生的学业考核项融合，从而形成"双标准"考核标准体系，如图8-24。

试点班将企业技术人员考核标准引入到学生的考核标准，重点突出企业评价主体，建立了"学校+制造厂商+4S店"三方共同评价学生的机制，三方共同实施教学过程评价与学生毕业考核。

试点班导入企业技术培训体系认证资格标准，目的是实现学生技能资格与相应企业技术等级的无缝对接，使学生在校即进入了相应试点企业员工的职业发展规划体系，评价内容突显行业特点。同时理论考核与操作考核相结合，要求学生在第二学年结束时须达到初级工要求；通过企业招聘后，第三学年须达到中级工要求，以此提高学生的就业基础能力、岗位核心能力、职业迁移能力，学生同时获取了高等职业院校的毕业证书、职业资格证书和企业技术认证证书。

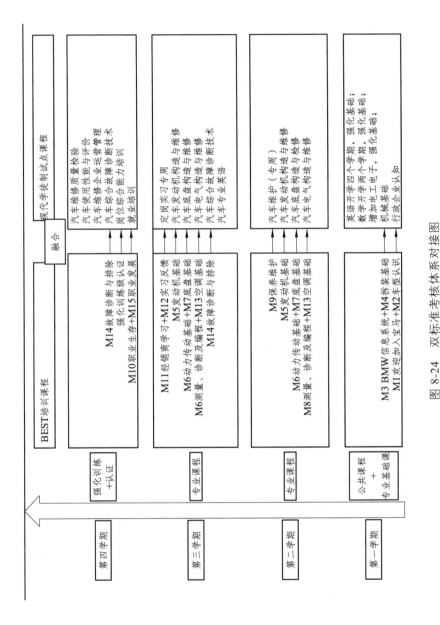

图 8-24 双标准考核体系对接图

（三）培养成效

1.课程成绩

（1）试点班的必修课成绩总体优于平行班。

通过试点班和平行班必修课成绩对比可以看出，必修课的各种课程类型（包括公共课、专业课），试点班平均绩点约为 2.13，平行班平均绩点为 1.84，如图 8-25。直观上来看，试点班成绩高于平行班。

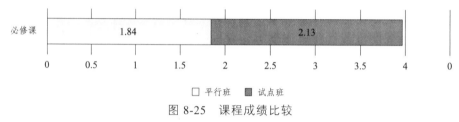

图 8-25　课程成绩比较

通过加权绩点数据进行单因素方差分析后可以看出，试点班与平行班的整体成绩水平的差异显著。这说明，在必修课成绩方面看来，二者成绩上的差异是可区分的，试点班显著高于平行班，（如表 8-12 所示）。

表 8-12　加权绩点数据单因素方差分析

ANOVA					
必修课					
	平方和	df	均方	F	显著性
组间	4.558	1	4.558	26.007	.000
组内	37.333	213	.175		
总数	41.892	214			

（2）不同课程类型比较，公共课差异大于专业课差异。

在必修课的范畴内，分别对公共课和专业课两个维度来进行评测。在公共课维度上，试点班成绩明显高于平行班；专业课维度上，试点班成绩虽高于平行班，但差异不太明显，如图 8-26。

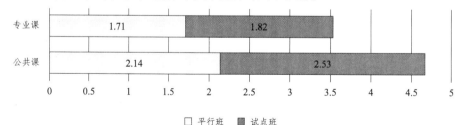

图 8-26　不同课程类型成绩比较

（3）相同的专业课比较，平行班基础性专业课的表现优于试点班。

通过上述比较，两个班在专业课上面的差异不太明显，进而针对两个班级在相同专业课程方面的成绩差异进行比较。可以看出，在核心专业基础课方面，试点班要优于平行班；但在综合能力培训课程方面，两者基本持平。

通过试点班和平行班的成绩对比可以看出，试点班在专业核心课程方面优于平行班，但是差距不太明显，部分原因可能是由于考核评价的标准问题。同时这也说明现代学徒制教学模式下的学生在校企双方合作的专业核心课程教学领域可以取得较大成就，但是仍需要进一步地采取教学改进措施；从影响学业成绩的核心因素来看，这主要源于企业参与了试点班师资的配备和课程教学资源的设计实施，但需要关心学生接受能力和对教学效果的评价。但是在岗位综合能力培训等专业课程方面，两者基本持平。这说明该专业有较强的实训设备设施和完善的培养体系，能够确保试点班和平行班的每位学生获得较为完整的能力培训。

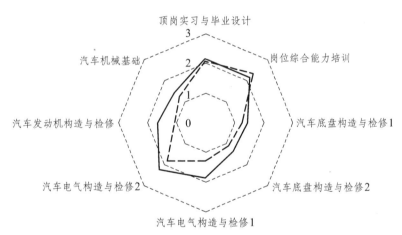

图 8-27 两个班级相同专业课成绩比较的雷达图示

2. 职业能力

KOMET（德语"能力测评"Kompetenzmessen 的缩写）项目是一个起源于德国的职业教育国际比较研究项目，其内涵相当于职业教育的PISA 测评。KOMET 采用大规模能力测评（large-scale diagnostic）手段，其目的是对每个学生职业能力的多个维度的发展进行评价，在测评结果分析的基础上进行不同班级、不同院校、地区间的教学质量比较，并利用测评结果促进职业院校的教学改革，为职业教育改革政策的制定提供依据。

（1）测评对象。

随机抽取四川交通职业技术学院汽车运用技术专业 1 个试点班和 1 个平行班参加此次汽车维修专业学生职业能力测评，总人数 92 人，见表 8-13。

表 8-13　参加汽车维修专业能力测评各班级人数

学校代码	人数（人）	占总人数百分比（%）
试点班	49	53.2%
平行班	43	46.8%

（2）测评工具。

职业能力测评工具主要是一道开放式的汽车维修专业综合测试题目，即一项典型工作任务。开放式的综合测试题目是 KOMET 测评方案的主要测试工具，该题目的形式与实际工作中的合同类似，它来源于职业的典型工作任务，且符合职业教育培养目标的要求。本次综合测试题目采用德国不来梅大学和黑森州文教部等开发的试题"冬季检查"，并根据中国的实际情况做了少许表达习惯上的修改。该题目已经在德国黑森州进行过测试，信效度满足要求。

（3）测评结果。

试点班和平行班学生的能力轮廓如图 8-28 所示。

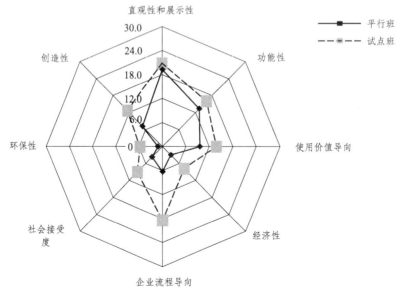

图 8-28　试点班和平行班各维度职业能力水平对比图

可以看出，试点班能力轮廓完全将平行班包含其中，说明试点班学生在 K1（直观性和展示性）、K2（功能性）、K3（使用价值导向）、K4（经济性）、K5（企业流程导向）、K6（社会接受度）、K7（环保性）和 K8（创造性）等方面的能力水平总体上均高于平行班学生。具体来讲，平行班学生在 K1（直观性和展示性）、K2（功能性）和 K3（使用价值导向）等方面的能力有一定发展，但更高级的能力则比较欠缺；试点班的情况则明显优于平行班，除了具备较高的 K2（功能性）能力外，K4（经济性）、K5（企业流程导向）方面的能力也有一定的发展，总体上职业能力发展更为全面和均衡。

在综合职业能力方面，试点班学生的综合素养比平行班有较明显提升。通过比较可以看出，试点班学生在各维度职业能力水平方面均高于平行班学生，尤其是在经济性、企业流程导向、社会接受度、环保性和创造性等代表学生更高级别职业能力的指标上差异明显，分别比平行班学生提升了 142%、186%、153%、334%、77%。

3. 综合能力

学生综合能力主要通过参加技能竞赛、评优获奖等形式来体现。

通过比较结果可以看出，试点班综合能力表现明显优于平行班。从学生评优的角度来看，其组成要素体现出试点班学生的综合能力素质要高于平行班。

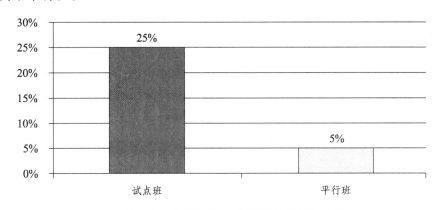

图 8-29　学生在竞赛团队中获奖的比例对比图

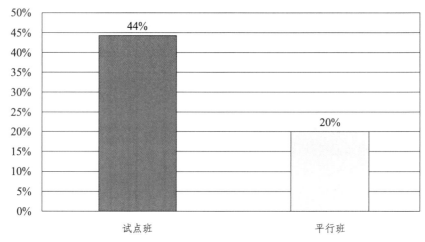

图 8-30　学生评优对比图

4. 职业认同

通过对问卷题目得分的总体情况进行比例计算，从而获得职业认同指数，更为精确地进行对比，获得可观结果，见图 8-31、图 8-32。

通过对职业认同问卷题目得分情况的分析比较可以看出，在职业认同指数方面，试点班要高于平行班，但是差距不是特别明显。这说明全体学生素质较高，差别不是很大，整个专业在师资、课程教学资源配置等方面比较完善，人才培养体系比较健全。试点班与平行班之间所存在的差距说明企业的管理人员到学校与学生面对面交流，能够使学生正确

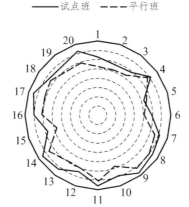

图 8-31　职业认同问卷题目得分情况

图 8-32　职业认同指数比较图

认识与自己专业相关的职业，消除对该职业的偏见，激发学生学习的主动性、积极性。同时，校企合作双方在平时的教育和疏导工作能够使学生拥有一个正确的、逻辑性较强的职业发展规划，进而形成良好的职业发展观，使之在进入工作之前做好吃苦耐劳、从基层干起的思想准备，缓解学生就业浮躁、急功近利的心理，培养学生的务实品格。

5. 学习动力

试点班和平行班学生学习动力的问卷调查结果如图 8-33 所示。

从学习动力指数[①]的对比可以看出，试点班的学习动力虽然高于平行班，但是优势并不明显。这说明，一方面试点班的人才培养方案并未对学生的学习动力产生较大的影响，存在着可以改进提升的空间；另一方面，整个专业的学生素质较高，师资、教学资源比较丰富，完善的人才培养体系能够影响到学生的学习动力。

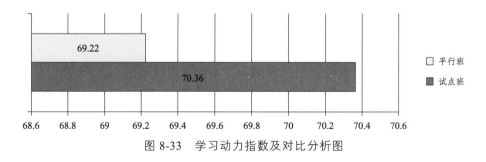

图 8-33　学习动力指数及对比分析图

---

① 为了使学习动力的对比更为精确，依据对问卷调查题目正向选择的比例进行对比分析后获得"学习动力指数"。

6. 就业情况

试点班学生就业情况是反映现代学徒制模式人才培养成效的重要指标之一。2018 年，试点班毕业生就业率达到 100%，就业领域的专业相关性达到 98%；在合作企业领域就业比例为 50%。从就业区域来看，91% 的毕业生是在四川省内就业，其中 80% 的毕业生工作地点在成都，反映出毕业生为区域经济发展服务的能力。

（四）综合评价

学生满意度调查是对学生参与现代学徒制试点经历的一种全方位回顾，对其接受高等职业教育服务质量的总体评价，既包括对学习内容、学习方式的评价，也包括对教师和教学资源的评价。

根据统计结果可以看出，大部分学生比较认可现代学徒制试点工作，学生总体满意度为 69.8%。78.5% 的学生认为通过进入现代学徒制试点班学习，今后能够获得较好的发展，并且表示如果再有一次选择机会，依然会选择在现代学徒制试点班学习。这说明现代学徒制培养模式能够提升学生的认同感和获得感。但值得注意的是，51% 的学生对某些学习方式不太适应，例如以小组学习为主的方式、未感受到试点班在团队师资和实训资源等方面所获得的优越条件、学生对试点班的归属感不强、没有试点班的就业竞争优势等需要引起重视。

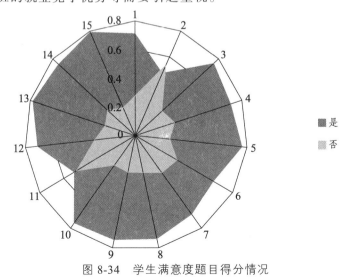

图 8-34　学生满意度题目得分情况

三、现代学徒制实施成效的综合评价

通过两个专业的试点评估可以得出以下结论。

在成效方面，第一是学生职业素养和能力提升迅速。两个试点专业参与试点的 129（汽车运用与维修技术 102 名，软件技术 27 名）名学生通过试点项目，在职业素质养成和专业技能提升方面表现出良好态势，试点学生中获得学校评优评先奖励的比例接近 35%，高于平行班级近 10 个百分点；这批学生参加省级以上技能竞赛的比例高于 12%，高于平行班级 6 个百分点；学生参与生产任务的数量比平行班级高出一倍。第二是专业服务行业发展能力大幅提升。两个试点专业很好地落实了校企"双主体"育人机制，实现了专业与产业、课程内容与职业标准、教学过程与生产过程的对接，专业建设水平与服务行业和区域经济的能力得到大幅提升。汽车运用与维修技术通过现代学徒制试点，进一步拓宽了校企合作的内涵，专业实力在全国名列前茅，在西部稳居第一；软件技术专业通过现代学徒制人才培养试点，师生参与企业真实生产项目的经验进一步丰富，其专业内涵和学生的就业竞争力得到较大提升，专业建设各项指标居全省同专业前列。第三是企业积极性提升明显。参与试点的两个企业华晨宝马汽车有限公司和上海景格科技股份有限公司，在原有校企合作的基础上，进一步开展校企共育的现代学徒制人才培养试点，一是增加了经费投入用于实验实训条件建设，二是提高了企业人员参与比例用于双师教学团队建设，三是提供了更多的真实生产项目有力地促进了校企课程的融合及考核体系建设，企业也通过参与现代学徒制试点获得了更多的人才收益和资金收益。第四是示范辐射带动作用增强。通过汽车运用与维修技术、软件技术两个国家级现代学徒制试点专业，带动我院其他专业积极进行现代学徒制的试点和探索，现已初步形成"院、省、国"三级现代学徒制试点体系，新增 2 个省级（机械制造及自动化、产品设计）和 1 个院级（物流管理）共计 3 个现代学徒制试点专业，带动 3 个专业学生 160 名左右（其中机械制造及自动化 39 名，产品设计 84 名，物流技术 40 名）。现代学徒制试点成果先后接受业内同行前来参观学习百余次，被四川日报和四川电视台科教频道宣传报道，同时，基于现代学徒制理念的"五双"人才培养模式和"五岗渐进式"的人才培养路径先后被多所兄弟院校学习借鉴，示范辐射效应明显。

在创新方面，第一是创新了"产学研训服创"六位一体校企合作模式。两个专业均是依托原有密切合作的企业，华晨宝马与学院的合作自2007年订单培养开始，景格公司与学院的合作自2009年开发课程资源开始，两个专业结合各自专业特点，均依托校企共建的技术培训中心，逐渐丰富合作内涵。通过现代学徒制试点，实现了校企双方在人才培养过程中的深度融合，创新了"产学研训服创"六位一体校企合作模式，将校企联合生产、校企共同教学、校企开展科教研、校企师资互训、校企双向服务、学生创业就业与人才培养紧密联系在一起，创新了校企合作人才培养模式并进一步丰富了其内涵。第二是打造了具有真实企业氛围的"多维开放"的技术培训中心。华晨宝马与景格公司两个合作企业自从与学院合作开始，不断增加设备、技术资料、专业技术人员等投入，校企共建技术培训中心。2008年，宝马成都培训中心在学院内落成，总面积900平方米，学院投资100万元，企业投入车辆和专业教学设备等总价值累计达到1200万元，场景设计布置和企业环境一致，8名教师获得宝马师资培训认证，其中7名获得企业培训师认证。2013年学院投入教学场地200平方米用于建设上海景格科技股份有限公司西南区研发中心，学院和上海景格公司先后共计投入114万元用于实训设备配置、企业环境布置，企业先后投入15名优秀技术员担任授课导师和实训导师，总体负责50%的专业课程教授，另投入2名管理人员专职负责试点管理和学院对接工作。

校企共建的技术培训中心实现了"多维开放"，其开放性主要体现三个方面，第一是技术开放，实训基地的技术与市场最新技术同步更新；第二是资源开放，将企业真实的生产任务用于教学，学生享受到生产一线的教学资源；第三是文化开放，实现企业文化进课堂，技术培训中心从环境布置、管理制度、工作氛围、企业精神等与企业文化对接，培养学生职业认同感，凸显文化的开放性。

第九章　现代学徒制的反思

现代学徒制和传统学徒制是一致的，注重潜移默化的言传身教和感悟，尊重传统，但与传统的学徒制又不同。现代学徒制中学校教育环节发挥着重要作用，符合大工业生产要求，培养方式也从单纯的经验学习到工学交替、理论实践并重，培养目标从单纯培养熟练技术工人发展为理论联系实际的高技能人才。基于此，现代学徒制建立的关键在于如何在现有的学校教育制度下，有机融合传统学徒制的要素，充分发挥传统学徒制注重潜移默化的言传身教和感悟的优势。根据调查结果可以看出，当前汽车运用技术专业通过与试点汽车制造厂商的深度合作，已经具备了现代学徒制的雏形，在高职众多专业的学徒制建设中走在了前列，特别是在师生关系的建立方面。但是，在具体的细节中，也存在一些亟待改进与提高的问题。

一、"学徒"优越感不足，反思现代学徒制的初衷

从现代学徒制产生的历史进程来看，它是在传统学徒制经过学校教育制度的洗礼之后，对传统学徒制和学校教育制度优势的整合，其初衷在于汲取传统学徒制的"质量"优势与学校教育制的"效率"优势的精华。因而在现代学校制度的背景下构建的现代学徒制，无论在班级规模、教学条件和师资力量等方面都应当具有相当的优势，并且能显著地让"学徒"感受到现代学徒制较之学校教育制的优越性。但是，从调查结果来看，我们的"学徒"并非都感觉到了现代学徒制带来的优越感，这不得不使我们反思构建现代学徒制的初衷，为什么大部分学生没有感受到应有的优越感，是现代学徒制构建本身的问题，还是与学生的沟通问题，需要进一步调查与分析。

二、"学徒"竞争力不强，反思现代学徒制的实效

"质量"是学徒制关注的焦点，也是现代学徒制打破传统学校教育制度的主要切入点，而对于高等职业教育而言，"质量"的重要体现则是学生的就业竞争力。无论是学校、企业还是学生个人，都在现代学徒制试点项目中投入了较之平行学校教育制度更多的资源，理论上在生均资源匮乏的职业教育现实中，基于现代学徒制模式培养的学生应当具有较强的就业竞争力。然而，调查结果显示，大部分学生并不认为自身的就业竞争力较平行班学生强。这一调查结果触及了现代学徒制的根本，即其存在的价值。究竟是综合素质的竞争力还是专业技能竞争力不强，通过进一步的调查研究，这将是现代学徒制下一步改革的方向。

三、"学徒"归属感不够，反思现代学徒制的条件

从实地考察的结果来看，试点班的学习硬件条件在行业类高职院校中应当是一流的，但是大部分学生却并不认为在"试点"班学习有家一样的归属感。这从另一个方面反映了现代学徒制建立的隐形条件存在一定问题。硬件水平上去了，但是相应的管理水平、班级氛围、生生关系、师生关系是否能够让"学徒"在这个学徒的氛围中轻松地学习，感受到家庭的温馨，这也是影响现代学徒制建立的重要方面。

四、"学徒"动力性不强，反思现代学徒制的困境

调查显示，现代学徒制模式下"学徒"的学习动力与传统学校教育制度下学生的学习动力方面没有显著的差异性，学习动力应当是学生学习与成长的根本，缺乏学习动力的学习，既是枯燥无味的，同时学习效果也是有限的。然而，调查显示，现代学徒制模式下"学徒"的学习动力没有显著的优越性，这是当前整个大学教育，特别是职业教育面临的重大难题。如何攻克这一难题，如何利用现代学徒制"师徒型"的师生关系这一影响学生学习动力的重要要素来有效激发"学徒"的学习动力，将是下一步现代学徒制改革与优化的关键点。

基于上述分析不难发现，对于高职汽车运用技术专业而言，学校与

试点企业厂商相互依存的关系已经建立，现代学徒制的基本模式与框架已经搭建起来，下一步面临的问题是如何优化与改革现代学徒制，提升现代学徒制的人才培养效果，提升"学徒"的竞争力。其着力点应当在于现代学徒制框架下的诸多教学与管理细节，如师生情感的巩固与加深、教学氛围与教学管理的温馨化、学生就业质量的提升等方面。

当然，在学校和企业层面，只要校企双方构建了互利双赢的合作机制，就能以双方的密切合作为基础，切实解决好校企双方共同参与人才培养入口、培养过程和出口的全过程，真正实现"双主体育人"，即校企双方实现四个合作——"合作办学、合作育人、合作就业、合作发展"。总之，产业结构是人才培养模式选择的根据，专业性质和企业需求是选择实现方式与途径的依据。在实施现代学徒制时，应考虑当地的产业结构、专业的性质，准确把握合作企业的利益核心点，努力争取当地地方政府的政策扶持，积极推进校企深度合作，加强内涵建设，将职业教育植根于企业之中，这才能推进现代学徒制顺利实施。[①]

---

① 赵鹏飞，陈秀虎．"现代学徒制"的实践与思考[J]．中国职业技术教育，2013（12）．

第十章　现代学徒制的憧憬

一、宏观层面

现代学徒制整合学校教育的效率优势与传统学徒制的质量优势，契合当前高素质技术技能型人才培养以及大国工匠的现实所需。在这种大背景下，基于现代学徒制的人才培养理论，根据国外现代学徒制经验以及当前我国现代学徒制的试点情况，未来的现代学徒制，将在试点的基础上不断完善与发展，为实现人才培养、产教融合、校企合作的多赢目标奠定基础。

（一）三个环节运行顺畅

对应传统学徒制的"收徒—学艺—出师"，现代学徒制的三个环节，即招生、培养与就业。在传统学徒制中，这三个环节有着严格的制度与要求，并且人才培养的主体相对单一，基本能够按照"师傅"的人才培养计划从收徒、学艺、出师三个环节一以贯之。然而，在现代学徒制下，招生、培养与就业三个环节所涉及的主体具有多元性，这就导致现代学徒制较之传统学徒制具有更大的复杂性。目前，通过现代学徒制的试点实践，在培养和就业环节，学校和企业两个主体的合作在前期订单培养和合作经验的基础上，运行较为顺畅，且较之前的订单培养，合作深度有较大提升。然而，在招生环节，真正实现"招生即招工"的较少。例如，在招生环节，学校招生归属教育主管部门，对于学历教育的招生，有相应的规定和要求；企业招工属于企业自身的发展需求，有自身的特殊要求。而要实现现代学徒制的"招生即招工"，需要将传统的两个不同的招生和招工体系合二为一，难免遭遇制度上、体制上和机制上的障碍。基于此，目前进行的现代学徒制试点在解决"招生即招工"的问题时，通常采取两种措施：一是通过单独招生。单独招生，学校具有较大的自主权，在自主招生的面试环节，部分试点单位将企业人力资源部门、技术人员（师傅）等作为面试组成员参与面试，以实现校企共同招生。这种方式的弊端在于，目前而言，参加高职单独招生的学生，生源质量普遍不佳，供企业选择的对象有限，企业难以真正选到优秀的学生来培养。二是通过在入学第二年进行二次双向选择的方式，直接让企业从学生中选取合适的学生进入现代学徒制试点班，签订相关协议开展培养工作。这种方式从实质上来讲，没有真正实现"招生即招工"，因为校企合作培养的时间最多只有两年，跟现代学徒制追求的理想状态存在差异，且跟之前的订单培养差距不大。可以看出，上述两种方式，都存在一定的弊端。为实现真正意义上的现代学徒制，从"招生即招工"这第一道关口，就必须实现质的突破，在此基础上实现三个环节的顺利运行，才能真正实现现代学徒制的初衷。

（二）行业协会深度参与

从学徒制的发展历程来看，行会在学徒制的繁荣阶段扮演着重要的角色。它是手工业行会组织的一个重要组成部分，行会的出现使学徒制逐渐从私人性质的制度过渡到公共性质的制度。在国外的学徒制中，行业协会仍然起着重要的作用。在德国，行业协会负责审核职业院校的资质、制定课程以及组织考试，还会定期帮助学校培训教师；但在中国，行业协会显然还难以承担这样的重任。[①]就目前现代学徒制的实践来看，大部分现代学徒制试点单位是学校，特别是高职院校，在实践过程中通常是个体行为，即凭借自身前期的校企合作基础开展现代学徒制试点，而行业协会很少参与其中，因而很难让现代学徒制打破学校和企业的藩篱，拓展为一个行业的公共事业。而在未来，现代学徒制应当是一种行业深度参与的模式。从教育部现代学徒制试点单位的分布来看，三个批次的现代学徒制试点单位中，分别有13、2和1家全国性的行业协会参与，共16家。期待这16家全国性行业协会能深入到具体的企业与学校中，担任起现代学徒制实践中所需的相应重任。

（三）法律保障精准到位

现代学徒制将突破传统学徒制和传统学校制度单一主体，成为多个

---

① 职校信息网. 现代学徒制，给职业教育带来什么机遇和挑战[EB/OL].
http://bbs.tianya.cn/post-hqxx-29717081.html

主体共同培养的新的人才培养体系。从一元到多元，必然产生更为复杂的多角度、多层面的关系，这就需要通过法律制度来规范。因此，法律制度是现代学徒制顺利推进的重要保障。

一是企业积极主动。现代学徒制实践中的主要困难之一，仍然是在之前校企合作中存在的"剃头挑子一头热"的现象。这个问题不从根本上解决，现代学徒制的改革目标就难以实现。因此，需要从法律层面，对企业参与人才培养实施激励与约束。例如，一方面通过法律规定企业的人才培养任务，将其作为一种社会责任；另一方面，通过有效的激励措施，调动企业参与的积极性，如对实施现代学徒制的企业实施减免税收的优惠鼓励政策。

二是安全保障有力。调查显示，目前在现代学徒制的实践过程中，企业为学徒购买保险的比例并不高，这也从侧面证明学生的"学徒"身份没有从根本上明确。因此，如何解决或减轻学校和企业在实践现代学徒制过程中的后顾之忧，则需要从法律层面来规定一些诸如"由谁为参加现代学徒制的学徒购买劳动保险和人身意外保险"一类的问题。

三是师徒身份合法。济南铁路局济南西机务段每年都要为新上岗的技校生、大中专毕业生找"师傅"，并签订"师徒合同"。2003 年，共签订65 份合同。有学者对这 65 对师徒进行了调查，发现师徒关系已大不如前，呈现出三种状况：一是愿意倾囊相授，但苦于后继无人，占 8%；二是"教出徒就行，绝活留在手"，占 65%；三是顺其自然，不管不问，占 23%。[①]可以看出，像这样毕业以后形成的正式的、以合同约束的师徒关系，大部分师傅不会全身心地投入对徒弟的培养中。以此来比对我们在学校当中的非正式的师徒关系，那师傅投入的精力更是大打折扣了，人才培养的质量也相应打折扣。在这种情况下，现代学徒制在高职教育中的生根发芽还面临着诸多的困境。除了学校和企业创造构建现代学徒制的基本条件外，还需要完善的政策环境来支持现代学徒制的发展。[②]一方面，学徒身份的问题，需要对现代学徒制学徒的双重身份进行实事求是的界定，最终通过相关法律条款的修订明确学徒身份，推动我国现代学徒制的全面实施。另一

---

① 毕爱学，顾韶辉．师徒关系呼唤机制支撑[J]．职业技术教育，2004（36）．
② 赵鹏飞，陈秀虎．"现代学徒制"的实践与思考[J]．中国职业技术教育，2013（12）．

方面，师傅的身份确认，同样不可缺少，需用法律、法规的形式赋予现代学徒制中的"师傅"身份，特别是对员工和师傅双重身份给予明确界定，并给予相关的政策倾斜和政策支持，调动师傅积极参与学徒培养的积极性。

二、微观层面

现代学徒制的核心是校企深度融合，在微观层面，主要以教学组织、教学方式、师生关系、教学环境、评价方式等方面构建现代学徒制的实践模式。

（一）以校企共生为前提，构建长效化的合作平台

现代学徒制校企"双主体"育人面临的主要问题是校企合作如何深入和如何持续的问题。这个问题的解决不仅要靠国家的政策支持，更需要学校和企业这两个主体通过相互磨合，探寻到双方的利益共振点，建立相互依赖的关系，形成"共商培养方案、共定课程体系、共培师资队伍、共建学习环境、共组订单班级、共施教学过程、共评学生质量、共担教学成本、共享发展成果"等共振机制，企业主动参与和投入人才培养。现代学徒制的实现必须搭建长效化的校企合作平台，即校企双方形成积极互相依赖的"共生"关系，实现持续双赢，使企业参与校企合作成为一种主动的自觉行为和不需外力约束的一种惯性。

（二）以合法协议为依据，构建责权利的保障机制

现代学徒制至少涉及三个主体，即学校、企业和学生。主体的复杂性决定了外在保障机制的必要性，以确保三方主体各自的责、权、利。在传统学徒制中，学徒的身份往往通过契约来确立，它代表了一种双向的权利义务关系或互惠关系；在现代学徒制中，同样需要通过法律手段来赋予学生学徒的身份。调查发现，明确学生在企业"学徒"身份是当前现代学徒制实践中的难点之一，以何种方式、何种形式明确学生的"学徒"身份，赋予"学徒"相应的责权利应当是现代学徒制需要亟待突破的瓶颈。学校、企业、学生三方的《顶岗实习协议》《就业意向协议》《就业协议承诺书》等在一定程度上约定了三方在学生顶岗和就业期间的权责利，但是还没有真正明确学生的企业"学徒"身份，距现代学徒制的要求还存在一定差距。因而，在明确学徒身份上，企业还需更积极主动

地参与责权利保障机制的构建当中，真正确立学生在企业的学徒身份，实现"招工"与"招生"的统一。

（三）以自我实现为目标，构建柔性化的课程组织

现代学徒制针对学校教育制度"大一统"的弊端，通过"柔性化"的教学组织凸显传统学徒制的"质量"优势。因此，在现代学徒制的实践过程中，学生的最大限度发展是教育的宗旨，也是现代学徒制追求的目标。通过柔性化的课程组织来推动学生的自我实现。一方面为适应不同生源的学习特性，针对普高和中职等不同生源构建不同的课程体系；另一方面为满足个性化的学习需求，提供基于学分制的弹性课程空间。同时，基于学生和企业的双向选择组建班级、导入不同的试点企业课程包、全面实现小班教学、多样化的工学交替形式等举措推动了课程柔性化的实现。

（四）以主动自发为路径，构建行动化的教学方式

现代学徒制突破了传统的理论教学与实践教学相分离的教学模式，构建了"行动导向"的教学方式，突出思维与行动的统一，注重学生自主学习能力的提升。在实践中一是以工作任务为载体，通过真实的工作情境引出学习任务。通过由简单到复杂，过程相同、载体和内容不同的学习任务，实现职业能力"螺旋式循环递进"，缩短学生的上岗适应期，提升工作能力培养的效率。二是以学材为载体，实施引导课文教学法，培养学生技术思维能力和自主学习能力。

（五）以师生情感为动力，构建师徒型的师生关系

学徒与师傅之间深厚的师徒感情是学徒学习技艺的巨大内在动力。现代学徒制需充分发挥传统学徒制的"师徒情"要素，积极吸纳师徒关系的情感优势，内化传统技艺传承中的"师承"模式，打破传统学校教育严格的课时界限和大学课堂"师生互不相识"的尴尬局面，以学生作为企业的"学徒"身份为基础，实现学生与企业师傅"一对一"或"二对一"学艺，实现师生朝夕相处，确保师生情感建立的时间和空间。

（六）以严谨自由为氛围，构建开放型的教学环境

学校教育与工作现场教育相整合的最突出表现就是教学环境的开放性，这样可以有效支撑"做中学"和"理实一体"的教学模式。学生作

为企业"学徒"，需要严格按照企业的规章制度来进行学习，需要严格按照师傅的要求来操作，因而在现代学徒制模式下，在教学环境上，一方面实训基地全天候向学生开放，实现学生对实训资源的按需使用；另一方面向企业开放，实现校企互利共赢；在实训基地的资源上，技术设备、资料与市场同步更新，学生足不出户则可享受到世界一流教学资源；在实训基地的文化上，引入汽车试点厂商的企业文化，从环境布置、管理制度、工作氛围、企业精神等各方面实现学校文化与企业文化的对接，发挥企业文化对学生职业成长的熏陶作用。

（七）以内外兼顾为导向，构建多元化的评价方式

出师是学徒制的重要环节，也是体现学徒制"质量"优势的重要环节。现代学徒制模式下，在"出师"环节体现了校企"双主体"的共同参与，严把人才培养质量关，在评价主体上，建立三方共同评价学生的机制，三方共同实施订单班选拔（招生）、教学过程评价（育人）与学生毕业考核（出师）；同时，强化学生的自我评价，发挥学生自我评价的内在动力作用。在评价内容上，凸显行业特点，导入企业技术培训体系认证资格标准，实现学生技能资格与企业技术等级的无缝对接。在评价方法上，基于教考分离的模式，采用笔试、机试、实操、口试等多种形式的考核方式，确保考核的方式与考核的内容相对应。在评价结果上，注重评价结果的反馈与使用，作为学生自我反思、学校教学改革、企业统筹发展的重要依据，积极发挥考核评价的激励、调节、导向等作用，发挥评价的实际价值。

（八）以持续发展为主旨，构建终身化的服务机制

学生的成长与发展，是现代学徒制关注的焦点。它着眼于学生的持续发展，服务于学生的职业生涯发展。川交职院汽运专业坚持学生利益为首的理念，对学生实施终身化的服务机制，即学生毕业（出师）后，可以继续回校接受技术更新培训，使在工作岗位的学生获得技术更新的机会，增强学生对母校的归属感和学徒培训的优越感。

综上所述，现代学徒制的优越性已经显现，为我国职业教育的改革与发展指明了方向，但这也是机遇与挑战并存的一把"双刃剑"。如何"破"和"立"，如何构建具有中国特色的现代学徒制，真正提升我国职业教育人才培养的质量，将成为现代学徒制研究与实践的重心。

参考文献

［1］瞿海魂. 发达国家职业技术教育历史演进[M]. 上海：上海教育出版社，2008.

［2］鲁婉玉. 高职教育中"现代学徒制"人才培养模式研究[D]. 大连：大连大学，2011.

［3］杨小燕. 现代学徒制的探索与实践[J]. 职教论坛，2012（9）.

［4］李建军，盛洁波. 现代学徒制在高等职业教育中的应用趋势[J]. 当代教育论坛，2004（10）.

［5］许竞. 英国业本学习路线下的现代学徒制[J]. 职业技术教育（教科版），2003（28）.

［6］熊苹. 走进现代学徒制——英国、澳大利亚现代学徒制研究[D]. 上海：华东师范大学，2004.

［7］梁国胜. 现代学徒制需校企共担责任风险[Z]. 中国青年报，2011-10-24（11）

［8］芮小兰. 传统学徒制与现代学徒制的比较研究[J]. 消费导刊，2008（2）. 216

［9］关晶，石伟平. 西方现代学徒制的特征及启示[J]. 职业技术教育，2011（31）.

［10］许竞. 再析英国的现代学徒制培训[J]. 职业技术教育，2005. 4

［11］王洪斌，鲁婉玉. "现代学徒制"——我国高职人才培养的新出路[J]. 现代教育管理，2010（11）.

［12］胡秀锦. "现代学徒制"人才培养模式研究[J]. 河北师范大学学报（教育科学版），2009（3）.

［13］李建军，盛洁波. 现代学徒制在高等职业教育中的应用趋势[J]. 当代教育论坛，2004（10）.

［14］张启富. 我国高职教育试行现代学徒制的理论与实践——以浙江工

商职业技术学院"带徒工程"为例[J]. 职业技术教育，2012（11）.

[15] 王喜雪. 英国现代学徒制与我国工学结合的比较研究——基于政策分析的视角[J]. 外国教育研究，2012（9）.

[16] 王振洪，成军. 现代学徒制：高技能人才培养新范式[J]. 中国高教研究，2012（8）.

[17] 王珏翎，侯益波. 国家示范校建设中探索新"现代学徒制"[J]. 当代职业教育，2012（9）.

[18] 欧阳琼，丁日佳. 国外现代学徒制培养模式对我国的借鉴意义[J]. 中国人才，2012（8）.

[19] 陈卓，黄享苟. 现代学徒制模式下建筑工程技术专业顶岗实习权责划分[J]. 湖北职业技术学院学报，2012（3）.

[20] 闫鲁超. 浅析我国职业院校如何有效实施现代学徒制[J]. 中国教育技术装备，2012（21）.

[21] 王丹. 德国非正式学习成果认证对现代学徒制评价体系的启示[J]. 职业教育研究，2018（9）.

[22] 曹靖. 我国"现代学徒制"研究的回顾、反思与展望[J]. 中国职业技术教育，2018（8）.

[23] 徐国庆. 为什么要发展现代学徒制[J]. 职教论坛，2015（33）.

[24] 吴志先，陈进良，任琳琳. 现代学徒制中"学徒"合法权益保障探析[J]. 河南机电高等专科学校学报，2017（06）.

[25] 徐芳. 广东省现代学徒制试点现状与破解对策探析[J]. 高等职业教育探索，2018（04）.

[26] 贾文胜. 英国现代学徒制运行机制研究[J]. 中国职业技术教育，2018（8）.

[27] 周琳，梁宁森. 现代学徒制建构的实践症结及对策探析[J]. 中国高教研究. 2016（01）.

[28] 关晶. 西方学徒制研究[D]. 上海：华东师范大学，2010.

[29] 关晶. 当代澳大利亚学徒制述评[J]. 职教论坛. 2015（04）.

[30] 张瑶祥，何杨勇. 我国职业教育现代学徒制构建中的关键问题分析[J]. 中国高教研究，2018.（7）.

[31] 张雁平，戴欣平. 现代学徒制的实施策略与实践探索——以金华职业技术学院为例[J]. 高等职业教育（天津职业大学学报），2016（01）.

[32] 谢霄男，李净. 现代学徒制下"工匠精神"的培育——以工科高校为例[J]. 中国高校科技，2018（4）.

[33] 汤霓，王亚南，石伟平. 我国现代学徒制实施的或然症结与路径选择[J]. 教育科学. 2015（5）.

[34] 郑玉清. 现代学徒制下工匠精神的培育研究[J]. 职业教育研究，2017（5）.

[35] 陈俊兰. 1949 年至 1965 年中国学徒制政策研究[J]. 教育与职业，2012（8）.

[36] 赵志群，陈俊兰. 我国职业教育学徒制——历史、现状与展望[J]. 中国职业技术教育，2013（18）.

[37] 赵志群，陈俊兰. 现代学徒制建设——现代职业教育制度的重要补充[J]. 北京社会科学，2014（1）.

附件一　关于现代学徒制学习动力的调查问卷

亲爱的同学：

你好！非常感谢你接受此次问卷调查，此次调查仅限于学术研究和促进学校教学改革，统计结果将不会显示你的信息，请尽量表达你的真实情况，深表感谢!请你根据自己的实际情况，逐一对每个问题做"是"或"否"的回答，并在相应的方框内打上"√"。为了保证测验的准确性，请你认真作答。

你所在班级：　　□　试点班　　　　□平行班

题　项	是	否
1. 如果别人不督促你，你极少主动地学习		
2. 你一读书就觉得疲劳与厌烦，直想睡觉		
3. 当你读书时，需要很长的时间才能提起精神		
4. 除了老师指定的作业外，你不想再多看书		
5. 在学习中遇到不懂的知识，你根本不想设法弄懂它		
6. 你常想：自己不用花太多的时间，成绩也会超过别人		
7. 你迫切希望自己在短时间内就能大幅度提高自己的学习成绩		
8. 你常为短时间内成绩没能提高而烦恼不已		
9. 为了及时完成某项作业，你宁愿废寝忘食、通宵达旦		
10. 为了把功课学好，你放弃了许多你感兴趣的活动，如体育锻炼、看电影与郊游等		
11. 你觉得读书没意思，想去找个工作做		
12. 你常认为课本上的基础知识没啥好学的，只有看高深的理论带劲		

题　项	是	否
13. 你平时只在喜欢的课程上狠下功夫，对不喜欢的课程则放任自流		
14. 你花在课外活动上的时间比花在学习上的时间要多得多		
15. 你把自己的时间平均分配在各门课程上		
16. 你给自己定下的学习目标，多数因做不到而不得不放弃		
17. 你几乎毫不费力就实现了你的学习目标		
18. 你总是同时为实现好几个学习目标而忙得焦头烂额		
19. 为了应付每天的学习任务，你已经感到力不从心		
20. 为了实现一个大目标，你不再给自己制订循序渐进的小目标		

附件二 关于现代学徒制师生关系的调查问卷

亲爱的同学：

你好！非常感谢你接受此次问卷调查，此次调查仅限于学术研究和促进学校教学改革，统计结果将不会显示你的信息，请尽量表达你的真实情况，深表感谢!请你根据自己的实际情况，逐一对每个问题做"是"或"否"的回答，并在相应的方框内打上"√"。为了保证测验的准确性，请你认真作答。

你所在班级：　　　□ 试点班　　　　□平行班

题　项	是	否
1. 你经常不能明白老师的讲解		
2. 某位老师对你感到讨厌或你讨厌某位老师		
3. 老师常以纪律压制你		
4. 老师上课不能吸引你		
5. 老师不了解你的忧虑与不安		
6. 你的意见常被老师不加考虑地反对		
7. 老师把考试成绩的高低作为衡量学生的优劣与奖惩学生的尺度		
8. 你找不到一位能倾诉内心隐秘的老师		
9. 老师常讽刺或嘲笑你		
10. 老师常给你增加学习负担		
11. 某位老师对你有点冷漠		
12. 你的思想常被老师支配		
13. 你的学习上的创造性见解常得不到老师的肯定		
14. 老师常让你感到紧张与不安		
15. 老师常误解你的行为而批评你		
16. 老师无法帮助你改进学习方法		
17. 老师很少与你倾心相谈		
18. 你常屈服于老师的命令与权威		

谢谢合作！

附件三　关于现代学徒制满意度的调查问卷

亲爱的同学：

　　你好！非常感谢你接受此次问卷调查，此次调查仅限于学术研究和促进学校教学改革，统计结果将不会显示你的信息，请尽量表达你的真实情况，深表感谢!请你根据自己的实际情况，逐一对每个问题做"是"或"否"的回答，并在相应的方框内打上"√"。为了保证测验的准确性，请你认真作答。

题　项	是	否
1. 我对进入试点班学习有强烈的意愿		
2. 在试点班学习有"家"一样的归属感		
3. 在试点班的学习内容与工作实际相关度较高		
4. 在试点班学习期间建立了良好师生关系		
5. 对试点班的学习条件和学习环境感到满意		
6. 我认为自己在就业上具有较大的竞争优势		
7. 我喜欢这种以小组学习为主的学习方式		
8. 在试点班学习期间我的职业能力得到了较大的提升		
9. 教师的言传身教对我的职业发展起到重要的作用		
10. 在试点班学习期间，我对企业有了更多的和更真实的了解		
11. 在试点班学习，我感觉各方面都具有优越感		
12. 我对试点班老师的教学非常满意		
13. 我相信通过进入试点班学习，我今后能有较好的发展		
14. 总体而言，在试点班的学习使我收获很多		
15. 如果再给我一次选择的机会，我仍然选择在试点班学习		

　　谢谢合作！

附件四　关于现代学徒制试点情况的调查问卷
（学生卷）

亲爱的同学：

感谢你参与我们的问卷调查！为切实了解四川省现代学徒制试点情况，我们特组织此次调查。你的真实、准确回答对我们的研究非常重要，请你根据实际情况填写相关内容。本次调查为匿名调查且不涉及任何商业用途，请你放心填写！衷心感谢你的支持与配合！

基本信息

性别_____年龄_____　　专业_____

生源：A. 平行高考　　　B. 单独招生　　　C. 其他_____

你所在的现代学徒制项目合作企业名称_____

一、请在合适的选项上打"√"。

1. 你是否了解现代学徒制？

　　A. 十分了解　　　　　B. 了解一点　　　C. 完全不了解

2. 你是通过哪种渠道了解现代学徒制的？

　　A. 学校宣传　　　　　B. 企业讲座与推介

　　C. 网络、电视、报刊等媒体　　　　D. 别人介绍

　　E. 其他方式_____　　　　F. 从未听说过

3. 你认为就读现代学徒制项目班，最大的吸引力何在？

　　A. 保障就业　　　　　B. 有师傅带，能学到真本事

　　C. 与企业有合作，实践机会较多　　　D. 没什么优势

4. 你在选择就读现代学徒制项目班时，最大的顾虑是什么？

　　A. 跟企业签了协议，以后就业没有更多的选择空间

　　B. 要求严，怕考核不合格不能在合作企业就业

　　　　C. 学校企业两边学习反而学不到扎实的东西

　　　　D. 其他_____

　5. 你是什么时候进入现代学徒制项目班学习的？

　　　　A. 入学初期　　B. 大一末　　　　C. 大二　　　D. 大三

　6. 你所在的现代学徒制项目是如何安排教学的？

　　　　A. 先在学校学习基础知识，然后到企业顶岗实习

　　　　B. 学校学习与企业学习交替进行

　　　　C. 以在企业学习为主，大部分时间在企业学习

　7. 你所在的现代学徒制项目班级有多少人？_____

　8. 企业为你购买了下列哪些险/金？（多选）

　　　　A. 没购买

　　　　B. 购买了：□意外伤害险 □养老保险 □失业保险

　　　　　　　　　□生育保险 □医疗保险 □工伤保险 □住房公积金

　　　　C. 不清楚

　9. 如果你所参加的现代学徒制项目企业侵犯了你的合法权益，你打算怎么办？

　　　　A. 忍了　　　B. 诉诸法律维护自己的权益　　　C. 没想过

　10. 目前在现代学徒制项目学习遇到的最大困难是？（多选）

　　　　A. 企业生产环境差　　　　B. 难以适应岗位要求

　　　　C. 疑难问题无人指导　　　D. 工作太辛苦

　　　　E. 人际关系紧张　　　　　F. 专业基础弱

　　　　G. 自学能力差

　二、请在相应的方框内打上"√"。

题　项	是	否
1. 我对进入现代学徒制项目学习有强烈的意愿		
2. 我很不容易才进入到现代学徒制项目学习		
3. 我与企业、学校签订了现代学徒制三方协议		
4. 我明确知晓在企业学习期间自身的合法权益		
5. 我在现代学徒制项目，有明确的企业"员工"身份		
6. 作为"准员工"在现代学徒制项目学习，有"家"一样的归属感		

题　项	是	否
7. 现代学徒制项目的学习内容与工作实际相关度较高		
8. 在现代学徒制项目中，我有一个明确的、相对固定的师傅指导我学习		
9. 师傅的言传身教对我的职业发展起到重要的作用		
10. 我愿意长期跟着这个师傅学习		
11. 对现代学徒制项目的学习条件和学习环境感到满意		
12. 我认为自己在就业上具有较大的竞争优势		
13. 我很期待毕业后能在现代学徒制项目的合作企业工作		
14. 在现代学徒制项目学习期间我的职业能力得到了较大的提升		
15. 在现代学徒制项目学习期间,我对企业有了更多的和更真实的了解		
16. 在现代学徒制项目学习，我感觉各方面都具有优越感		
17. 我相信通过进入现代学徒制项目学习,我今后能有较好的发展		
18. 总体而言，在现代学徒制项目的学习使我收获很多		
19. 如果再给我一次选择的机会,我仍然选择在现代学徒制项目学习		
20. 我愿意向亲戚朋友或师弟师妹推荐现代学徒制项目		

谢谢合作！

附件五 关于现代学徒制试点情况的调查问卷
（学校卷）

尊敬的现代学徒制试点单位：

感谢你参与我们的问卷调查！为切实了解四川省现代学徒制试点情况，我们特组织此次调查。你的真实、准确回答对我们的研究非常重要，请你根据实际情况填写相关内容。本次调查为匿名调查且不涉及任何商业用途，请你放心填写！衷心感谢你的支持与配合！

学校名称：

主管部门：

请根据下列表格，填写相应的数据或用"√"进行选择。根据试点专业数量情况，可自行加行进行填写。

一、政策支持

政策类别	政策/文件名称	政策要点
当地政府出台政策		
学校层面出台制度		

二、招生就业（学生年级根据具体情况填写）

类别	试点专业名称	学生数（人）		单招人数（人）	班级数（个）	班级规模（人/班）	留在学徒制企业的就业人数
国家级	专业1（名称）	2017级					
		2016级					
		2015级					
	专业2（名称）	2017级					
		2016级					
		2015级					
省级	专业1（名称）	2017级					
		2016级					
		2015级					
	专业2（名称）	2017级					
		2016级					
		2015级					

三、合作企业

类别	试点专业名称	主要合作企业	企业性质		企业规模				厂校距离		
			国有	民营	大型	中型	小型	微型	厂校一地	一日往返	一日不能往返
国家级	专业1（名称）										
	专业2（名称）										
省级	专业1（名称）										
	专业2（名称）										

四、师资队伍

类别	试点专业名称	企业兼职教师比例（%）	学徒有固定的企业师傅		举办拜师仪式		一个师傅带几个徒弟？
			是	否	是	否	
国家级	专业1（名称）						
	专业2（名称）						
省级	专业1（名称）						
	专业2（名称）						

五、培养情况

类别	试点专业名称	分段培养划分情况	学生在企业环境培养起始时间	企业参与人才培养方案制定		企业参与课程建设		企业参与考核情况		
				是	否	是	否	参与具体课程考核	参与综合考核	参与顶岗实习考核
国家级	专业1（名称）									
	专业2（名称）									
省级	专业1（名称）									
	专业2（名称）									

注：1. 分段培养划分情况，请按人才培养模式填写时间阶段，如1（学校）+1.5（校企）+0.5（企业）

2. 学生在企业环境培养起始时间：填写年级及上、下学期，如二年级上学期

六、法律保障

类别	试点专业名称	企业为学生购买保险		校企学生签订相关就业或培养协议		学生具备明确的企业员工身份		学徒期间学生是否获得报酬	
		意外伤害保险	工伤保险	是	否	是	否	是	否
国家级	专业1（名称）								
	专业2（名称）								
省级	专业1（名称）								
	专业2（名称）								

感谢你的支持！

附件六　关于现代学徒制师徒关系调查问卷

亲爱的同学：

　　你好！非常感谢你接受此次问卷调查，此次问卷调查将不会显示你的信息，请尽量表达你的真实情况，深表感谢！请你根据自己的实际情况，逐一对每个问题在相应的方框内打上"√"。为了保证测验的准确性，请你认真作答。

题　项	非常不同意	基本不同意	略为不同意	略为同意	基本同意	非常同意
1. 我与师傅一起分享我的私事						
2. 我与师傅在工作之外也保持交往						
3. 我与师傅相互信任						
4. 我将师傅视为良师益友						
5. 我经常与师傅共进午餐						
6. 我的师傅对我的职业生涯很感兴趣						
7. 我的师傅给我安排很重要的工作任务						
8. 我的师傅对我的工作给予了特别指导						
9. 我的师傅给我提出关于晋升机会的建议						
10. 我的师傅帮助我协调我的职业目标						

题　项	非常不同意	基本不同意	略为不同意	略为同意	基本同意	非常同意
11. 我的师傅一直花费时间关心我的职业生涯						
12. 我把师傅作为学习的榜样和模仿的对象						
13. 我佩服师傅激励他人的能力						
14. 我尊重师傅拥有的专业知识						
15. 我尊重师傅教导他人的能力						

谢谢合作!

附件七　职业认同调查问卷

	完全不正确	不太正确	不确定	有点正确	完全正确
1. 做工作任务中的任何事，我都很有动力					
2. 我喜欢和别人谈论自己的专业					
3. 对我而言，适应专业的要求比获得专业技能更重要					
4. 做本职工作中的任何事，我都是值得信赖的					
5. 我对我的专业不是特别感兴趣					
6. 我打算将来一直从事本专业的工作					
7. 我全身心地投入工作					
8. 实习实训期间，我很关心我的工作与我的专业有何关系					
9. 有时我会考虑如何改变我的工作方式，以便更好或更高质量地完成任务					
10. 我以我的专业为荣					
11. 对于分配给我的任务，我希望有一个清晰明确的行动指导					
12. 专业对我来说就像"家"的一部分					
13. 总体说来，我对整个学习很满意					

续表

	完全不 正确	不太 正确	不确定	有点 正确	完全 正确
14. 我可以从学校老师和企业兼职老师那里学到很多东西					
15. 对我而言，学校的学习不具有挑战性					
16. 实习实训中，多数情况下我可以得到具体的指导					
17. 我的专业受到社会的认可					
18. 我的朋友和熟人认为我目前学的专业还可以					
19. 我对自己在学校的表现和成绩很满意					
20. 现在，我对所学的专业比入学时更感兴趣了					

后　记

　　2011 年，在北京师范大学进修期间，一次偶然的机会，"现代学徒制"映入我的眼帘，我立刻被她吸引住了，从此我便开始了对"现代学徒制"的研究与探究。不经意间，八年过去了，作为一个职业教育的研究者，对现代学徒制的研究伴随了我八年的研究足迹。一次又一次的问卷编制、调查实施、统计分析，一次又一次的深度访谈、录音整理、观察记录，不断充实着我的研究。每一个数据、每一个案例的获得都让我欣喜，也许这就是作为研究者的乐趣所在。这八年间，随着以"现代学徒制"为主题的省部级项目、厅级项目的完成，研究成果逐渐显现。看着这些珍贵的调研数据、研究案例，还有多年的理论积淀与思考，系统梳理完善这些成果的念头油然而生。

　　今日，搁笔完成此书，大喜！我将以此为起点，继续学习、不断反思，以期能为现代学徒制的研究与实践发挥些许作用！

作　者
2018 年冬于成都